高等院校实验教学系列教材

物理化学实验指导

主　编　孙春艳　曹红翠　李长顺

科学出版社
北　京

内 容 简 介

本书是在青海大学化工学院物理化学教研室原有实验讲义的基础上，结合我校实际情况，按照基本实验方法与现代仪器设备相结合的原则修订编写而成。

本书分为四个部分：①绪论，主要介绍本课程的目的和要求、误差分析及数据处理等；②基础实验，在汲取编者长期实验教学经验的基础上，选编了热力学、相平衡、电化学、动力学、表面与胶体化学等物理化学分支中有代表性且较为成熟的实验，旨在强化基础知识、训练基本技能；③综合设计性实验，根据本校实验室的实际情况，编写了部分综合设计性实验，旨在培养学生的创新能力，提高科学素养；④附表，收录一些常用数据以便查阅。

本书可作为高等院校化学类、化工类、材料类、冶金类、制药类、生物类、环境类等有关专业本科生的教学用书、也可供其他相关专业参考使用。

图书在版编目（CIP）数据

物理化学实验指导 / 孙春艳，曹红翠，李长顺主编. —北京：科学出版社，2017.8
ISBN 978-7-03-053926-7

Ⅰ. ①物… Ⅱ. ①孙… ②曹… ③李… Ⅲ. ①物理化学–化学实验–高等学校–教材参考资料 Ⅳ. ①O64-33

中国版本图书馆 CIP 数据核字（2017）第 163756 号

责任编辑：朱 华 车 艳 / 责任校对：郭瑞芝
责任印制：李 彤 / 封面设计：范 唯

科学出版社 出版
北京东黄城根北街 16 号
邮政编码：100717
http://www.sciencep.com

天津市新科印刷有限公司 印刷

科学出版社发行 各地新华书店经销

*

2017 年 8 月第 一 版 开本：787×1092 1/16
2023 年 8 月第六次印刷 印张：8
字数：180 000

定价：36.00 元

（如有印装质量问题，我社负责调换）

前　言

物理化学实验是继《无机化学实验》《分析化学实验》和《有机化学实验》之后开设的又一门专业基础实验课程。从一定意义上讲，它是基础理论向技能和技术过渡的桥梁。通过物理化学实验，不仅使物理化学课程的基本理论得到验证、巩固，加深学生对基本理论的理解，而且在实验过程中通过掌握仪器的使用方法和实验基本技能以及对实验数据的记录和处理等，有助于提高学生独立分析和解决问题的能力。

本书参考了教育部高等学校化学与化工学科指导委员会制定的化工类、材料类及化学类等专业“化学教学基本内容”，在青海大学化工学院物理化学教研室原有实验讲义的基础上，结合我校实际情况，按照基本实验方法与现代仪器设备相结合的原则修订编写而成，在实验内容和仪器设备上有所改进和更新。

本书分为四个部分：①绪论，主要介绍本课程的目的和要求、误差分析及数据处理等；②基础实验，在汲取编者长期实验教学经验的基础上，选编了热力学、相平衡、电化学、动力学、表面与胶体化学等物理化学分支中有代表性且较为成熟的实验，旨在强化基础知识、训练基本技能；③综合设计性实验，根据本校实验室的实际情况，参考同类院校经验，编写了部分综合设计性实验，旨在培养学生的创新能力，提高科学素养；④附表，收录一些常用数据以便查阅。本书内容翔实、叙述简洁。突出强调基础知识和基本技能，同时注重训练学生分析问题与解决问题的能力、动手动脑的能力以及综合创新能力。可作为高等院校化学类、化工类、材料类、冶金类、制药类、生物类、环境类等有关专业本科生的教学用书、也可供其他相关专业参考使用。

本书为青海大学教材建设资助项目，在编写过程得到了有关领导和专家以及物理化学教研室全体同仁的大力支持，对此一并表示诚挚的谢忱。

由于编者水平有限，书中错误和不当之处在所难免，希望并欢迎读者提出宝贵意见。

编　者

2017 年 6 月

目　录

第一部分　绪　　论

一、物理化学实验的目的和要求

物理化学实验是继无机化学实验、分析化学实验和有机化学实验之后开设的又一门基础实验课程，它综合了化学领域中各分支所需的基本研究工具和方法。物理化学实验是学生毕业前的最后一门基础实验课，因而它对学生的实验操作技能以及实事求是的科学态度等方面有着更严格的要求。近代化学研究方法的重大变革，首先反映在物理化学实验方法和技术的革新上，具体体现在物理化学实验不但最早运用现代仪器手段，而且还要进行必要的实验设计，依据一定的数学模型，做较为复杂的数据处理，所以它对学生独立工作能力的培养是十分重要的。物理化学实验的主要目的是使学生掌握物理化学实验的基本方法和技能以及常用仪器的构造、原理和使用方法；培养学生正确地观察、记录实验数据和现象以及正确处理实验数据和分析实验结果的能力；巩固并加深对物理化学基本理论的理解，提高学生灵活运用物理化学原理的能力。为了达到上述目的，必须对学生进行正确、严格的基本操作训练并提出明确的要求。本节分别针对教材中的基础实验和综合设计性实验提出以下相应的要求。

（一）基础实验

进行物理化学基础实验，一般包括实验前预习、实验过程操作、实验现象和数据记录及撰写实验报告等环节。

1. 实验前预习

（1）学生在实验前要充分预习。通过认真预习切实了解实验的目的和基本原理，了解所用仪器的构造和使用方法，明确实验操作过程、步骤及要测量和记录的数据，做到心中有数。实践证明，学生有无充分预习对实验效果的好坏及仪器的损坏程度具有极大影响。因此，一定要坚持做好实验前的预习工作，提高实验效果。

（2）在预习的基础上写出实验预习报告。预习报告的内容包括实验目的、实验原理、实验过程与步骤，并详细设计原始数据记录表格，以便记录实验所需的数据。

2. 实验过程

（1）进入实验室要穿戴实验服、保持安静，到指定的实验台后先按实验教材核对仪器、检查仪器完好性。若有缺损及时报告。

（2）实验开始前专心听从指导老师的讲解，必须在切实掌握了仪器设备使用方法和药品、材料的特性后，并经指导老师同意方可开始实验，实验过程中应认真、细致、规范、严格地按操作规程进行，不得随意改动。

（3）未得许可，不得搬动和使用除实验指定外的其他仪器设备；不得把实验室的物品带离实验室。公用的药品及设备用完立即放回原处，不得随处乱放；对挥发性的试剂注意密封。

（4）充分利用实验时间，做到细心操作、认真观察、详细记录、积极思考，提高实验效率和学习效果。

（5）每次实验完成后，应将认真填写的数据表格交给指导老师检查合格并在预习报告上签字后方可拆卸实验装置。如数据不合理应及时补做或重做。

（6）实验结束后，整理和复原实验用过的仪器设备，经指导老师检查同意后方可离开实验室。

3. 实验记录

（1）在实验中要忠实、准确、规范、完整地记录实验数据。不能只挑拣“有利”的数据，也不能随意涂抹数据。如发现某个数据确有问题，应该舍弃时，可用笔轻轻圈去或画一横再写出正确数据。不得用铅笔或红笔记录，尽量采用表格形式记录。应养成良好的记录习惯，所有记录都应有日期、页码和实验记录人员等项目。

（2）实验过程中出现的现象应认真观察和分析，必要时可加以记录，便于深入了解实验内容和发现问题，同时有助于培养敏锐的洞察力。

（3）实验条件也是必须记录的内容。实验结果与实验条件是紧密相关的，它是分析实验中所出现问题和误差大小的重要依据。实验条件一般包括环境条件和仪器、药品条件。前者如室温和大气压力等；后者包括使用药品的名称、纯度、浓度和仪器的名称、规格、型号及实际精度等。

4. 实验报告

（1）使用统一的实验报告纸，附封面、按顺序装订好。实验报告应包含预习报告和结果报告两个部分。其中预习报告应在实验前写好，内容包括实验目的、实验原理、实验装置与步骤、空白实验数据表格等；结果报告于实验后完成，内容包括实验原始数据、数据处理（包括列表、作图等）、结果和讨论等。

（2）应采用正确的数据处理方法，认真规范地进行数据计算。正确表达数据处理结果。数据处理应独立完成，不得抄写同组者的结果。

（3）实验报告的讨论可以包括对实验现象的分析和解释、对实验结果的误差分析、对实验的改进意见及实验后的心得体会和查阅文献情况等，必要时还需完成思考题。

（4）在撰写实验报告时，应开动脑筋、钻研问题。实验报告应满足实验目的明确、原理清楚、数据准确、作图合理、结果正确、讨论深入和字迹清晰等要求。

（二）综合设计性实验

物理化学综合设计性实验是在教师的指导下，由学生自主选择实验课题，应用已学过的物理化学实验原理、方法和技术，通过查阅文献资料独立设计实验方案，选择合理的仪器设备，组装实验装置，进行独立的实验操作，并以科研小论文的形式提交实验报告。物理化学综合设计性实验的目的在于培养学生全面掌握物理化学实验方法，训练学生灵活、综合地运用各种物理化学实验技术的能力，通过综合设计性实验，使学生加深对物理化学基本理论的理解，进一步提高学生运用物理化学知识来解决实际问题的能力，同时有利于培养学生的科学研究能力和素养。

1. 综合设计性实验的程序

（1）选题。在教材提供的综合设计性实验题目中，选择自己感兴趣的实验项目，并确定小组成员（亦可在提前考察物理化学实验室条件与实验设备仪器等的基础上自己设计选题）。

（2）查阅文献。小组成员查阅包括实验原理、实验方法、仪器装置等方面的文献，对不同的方法进行比较、分析，并在此基础上归纳总结出可达到实验目的的最佳实验方法。

（3）设计实验方案。小组成员根据所确定的实验方法，设计详细的实验方案，包括实验装置示意图、实验步骤、所需试剂、仪器的数量及规格等。

（4）可行性论证。应在实验开始前 1～2 周完成可行性论证，请指导教师提出存在的问题，优化实验方案。

（5）实验前准备。应至少提前 3 天到实验室进行实验仪器、试剂等的准备工作。

（6）实验实施。按实验方案认真开展实验，并注意观察、分析实验现象，考察各类影响因素，必要时可重复进行。

（7）数据处理及撰写实验报告。按实验的目的与要求进行数据的综合处理、误差分析等。并以科研小论文的形式撰写综合设计实验报告。必要时可组织交流与答辩活动。

2. 综合设计性实验的要求　小组成员必须自己设计实验、组装仪器并完成实验，以达到培养综合运用化学基础知识和实验技能来解决问题的能力。

查阅文献要相关、全面，以科研小论文提交的实验报告应符合科技论文的撰写格式和要求。

二、物理化学实验室安全知识

在化学实验室里，安全是非常重要的。本节主要结合物理化学实验的特点介绍安全用电及使用化学药品的安全防护等知识。

（一）安全用电常识

物理化学实验室使用电器较多，特别要注意安全用电。为了保障人身安全，一定要遵守实验室安全用电规则。

1. 防止触电　不用潮湿的手接触电器。电源裸露部分应有绝缘装置（例如电线接头处应裹上绝缘胶布）。所有电器的金属外壳都应保护接地。

实验时，应先连接好电路后才接通电源。实验结束时，先切断电源再拆线路。修理或安装电器时，应先切断电源。

不能用试电笔去试高压电。使用高压电源应有专门的防护措施。如有人触电，应迅速切断电源，然后进行抢救。

2. 防止引起火灾及短路　使用的保险丝要与实验室允许的用电量相符。电线的安全通电量应大于用电功率。室内若有氢气、煤气等易燃易爆气体，应避免产生电火花。继电器工作和开关电闸时，易产生电火花，要特别小心。电器接触点（如电插头）接触不良时，应及时修理或更换。

如遇电线起火，立即切断电源，用沙或二氧化碳、四氯化碳灭火器灭火，禁止用水或泡沫灭火器等导电液体灭火。

电线及电器不要被淋湿或浸在导电液体中。线路中各接点应牢固，电路元件两端接头不要互相接触，以防短路。

3. 电器仪表的安全使用　在使用前，先了解电器仪表要求使用的电源是交流电还是直流电；是三相电还是单相电以及电压的大小（380V、220V、110V 或 6V）。须弄清电器功率是否符合要求及直流电器仪表的正、负极。

仪表量程应大于待测量。若待测量大小不明时，应从最大量程开始测量。实验之前要检查线路连接是否正确。经教师检查同意后方可接通电源。

在电器仪表使用过程中，如发现有不正常声响，局部升温或嗅到绝缘漆过热产生的焦味，应立即切断电源，并报告教师进行检查。

（二）使用化学药品的安全防护

1. 防毒　实验前，应了解所用药品的毒性及防护措施。操作有毒气体（如 H_2S、Cl_2、Br_2、NO_2、浓 HCl 和 HF 等）应在通风橱内进行。

苯、四氯化碳、乙醚、硝基苯等的蒸气会引起中毒。它们虽有特殊气味，但久嗅会使人嗅觉减弱，所以应在通风良好的情况下使用。

有些药品（如苯、有机溶剂、汞等）能透过皮肤进入人体，应避免与皮肤接触。氰化物、高汞盐[$HgCl_2$、$Hg(NO_3)_2$ 等]、可溶性钡盐（$BaCl_2$）、重金属盐（如镉、铅盐）、三氧化二砷等剧毒药品，应妥善保管，使用时要特别小心。

禁止在实验室内喝水、吃东西。饮食用具不要带进实验室，以防毒物污染，离开实验室及饭前要洗净双手。

2. 防爆　可燃气体与空气混合，当两者比例达到爆炸极限时，受到热源（如电火花）的诱发，就会引起爆炸。一些气体的爆炸极限见表 1-2-1。

表 1-2-1　与空气相混合的某些气体的爆炸极限（20℃，101 325Pa）

气体	爆炸高限（体积百分比）/%	爆炸低限（体积百分比）/%	气体	爆炸高限（体积百分比）/%	爆炸低限（体积百分比）/%
氢	74.2	4.0	醋酸	—	4.1
乙烯	28.6	2.8	乙酸乙酯	11.4	2.2
乙炔	80.0	2.5	一氧化碳	74.2	12.5
苯	6.8	1.4	水煤气	72.0	7.0
乙醇	19.0	3.3	煤气	32.0	5.3
乙醚	36.5	1.9	氨	27.0	15.5
丙酮	12.8	2.6			

有些药品如乙炔银、高氯酸盐、过氧化物等受震和受热都易引起爆炸，使用要特别小心。严禁将强氧化剂和强还原剂放在一起。久藏的乙醚使用前应除去其中可能产生的过氧化物。进行容易引起爆炸的实验，应有防爆措施。

3. 防火　许多有机溶剂如乙醚、丙酮、乙醇、苯等非常容易燃烧，大量使用时，室内不能有明火、电火花或静电放电。实验室内不可存放过多这类药品，用后还要及时回收处理，不可倒入下水道，以免聚集引起火灾。

有些物质如磷、金属钠、钾、电石及金属氢化物等，在空气中易氧化自燃。还有一些金属如铁、锌、铝等粉末，比表面大也易在空气中氧化自燃。这些物质要隔绝空气保存，使用时要特别小心。

实验室如果着火不要惊慌，应根据情况进行灭火，常用的灭火剂有水、沙、二氧化碳灭火器、四氯化碳灭火器、泡沫灭火器和干粉灭火器等。可根据起火的原因选择使用，以下几种情况不能用水灭火。

（1）金属钠、钾、镁、铝粉、电石、过氧化钠着火，应用干沙灭火。

（2）相对密度比水小的易燃液体，如汽油、苯、丙酮等着火，可用泡沫灭火器。

（3）有灼烧的金属或熔融物的地方着火时，应用干沙或干粉灭火器。

（4）电器设备或带电系统着火，可用二氧化碳灭火器或四氯化碳灭火器。

4. 防灼伤　强酸、强碱、强氧化剂、溴、磷、钠、钾、苯酚、冰醋酸等都会腐蚀皮肤，特别要防止溅入眼内。液氧、液氮等低温物质也会严重灼伤皮肤，使用时要小心。万一灼伤应及时治疗。

三、实验数据误差分析

（一）误差的分类

由于外界条件的影响、仪器的优劣及感觉器官的限制，实验测得的数据只能达到一定的准确度。对于完成每一个实验，如能事先了解测量所能达到的准确程度，并在实验后科学地分析和处理数据的误差，对提高实验水平可起到一定的指导作用。首先，对于准确度的要求，在各种情况下不尽相同。为了提高测量的准确度，往往需要很大程度地提高对仪器、药品的要求、付出巨大的劳动。故不必要的提高会造成人力和物力的浪费；然而过低的准确度又会大大降低测量的价值。因此，对于测量准确度的恰当要求是极其重要的。另外，了解误差的种类、起因和性质，就可帮助我们抓住提高准确度的关键，集中精力突破难点。通过对实验过程的误差分析，还可以帮助我们确定合适的实验条件。

测量误差按其性质一般可分为系统误差、偶然误差和过失误差。

1. 系统误差　系统误差是指在相同条件下多次测量同一物理量时，测量误差的大小和符号都保持不变；在改变测量条件时，它又按照某一确定规律而变化的误差。系统误差不具有抵偿性，即在相同条件下重复多次测量，系统误差无法相互抵消。系统误差的另一特点是：产生系统误差的诸因素是可以被发现并加以克服的。系统误差在测量过程中绝不能忽视，因为有时它比偶然误差要大出一个或几个数量级。因此，在任何实验中，都要求我们深入地分析产生系统误差的各种因素，并尽力加以排除，使其减小到可忽略的程度。

（1）系统误差产生的原因主要包括以下方面。

1）仪器构造不完善。如温度计、移液管、压力计、电表等仪器的刻度不够准确而又未经校正。

2）测量方法本身的影响。如采用了近似的测量方法或近似公式。例如，根据理想气体状态方程计算被测蒸气的摩尔质量时，由于实际气体对理想气体的偏差，用外推法求得的摩尔质量总比实际的摩尔质量偏大。

3）环境方面的影响。如在测量折射率、旋光度、光密度时，系统没有恒温，由于环境温度的影响，测量数据不是偏大就是偏小。

4）化学试剂纯度不够。

5）测量者个人操作习惯的影响。如有的人对某种颜色不敏感，滴定时等当点总是偏高或偏低等。

（2）系统误差又可大致分为以下两类。

1）恒定系统误差：在整个测量过程中，符号和大小都固定不变的误差称为恒定系统误差。例如，使用某个容积为250ml（其实际容积为252ml）的容量瓶，在使用中由于未加校正而引入固定的（+2ml）的系统误差。又如，天平砝码未经校正等，均将引入恒定的系统误差。

2）可变系统误差：可变性的系统误差是随着测量值或时间的变化，误差值和符号也按一定规律变化的误差。请注意，这种系统误差和偶然误差不同。前者变化有规律，并可被发现和克服；而后者则相反，它变化无规律，是无法克服的随机误差。可变系统误差在测量中是经常存在的。例如，在精密测量中，温度对测量仪刻度的影响是线性的：当温度越高时，测量结果的系统误差就越大；另外，当测量的温度一定时，测量值越大，由于温度系数所造成的系统误差也将按比例地增大。又如，电表指针回转中心和刻度盘中心不同心，贝克曼温度计的毛细管不均匀等，所造成的误差均属于可变的系统误差。

（3）在系统误差比偶然误差更为显著的情况下，可根据下列方法判断是否存在系统误差。

1）实验对比法：如改变产生系统误差的条件，进行对比测量，可用以发现系统误差。这种方法适用于发现恒定系统误差。例如，在称量时存在着由于砝码质量不准而产生的恒定系统误差。这种误差多次重复测量不能被发现，只有用高一级精度的砝码进行对比称量时，才能发现它。在测量温度、压力、电阻等物理量中都存在着同样的问题。

2）数据统计比较法：对同一物理量进行二组（或多组）独立测量，分别求出它们的平均值和标准误差，判断是否满足偶然误差的条件来发现系统误差。

设第一组数据的平均值和标准误差分别为$\overline{x}_1$、σ_1，第二组数据的平均值和标准误差分别为$\overline{x}_2$、σ_2。当不存在系统误差时，应有下列关系：

$$|\overline{x}_1-\overline{x}_2|<2\sqrt{\sigma_1^2+\sigma_2^2}$$

此外，在有些实验中，可估算由于改变某一因素而引入的系统误差，这对于分析系统误差的主要来源有参考价值。例如，在测定气体摩尔质量时，可推算由于采用理想气体状态方程所引入的系统误差；在凝固点降低法测摩尔质量时，可推算由于加入晶种而引起的系统误差；在蔗糖转化动力学实验中，可推算由于反应温度偏高所造成的系统误差等。

（4）在测量过程中，如存在着较大的系统误差，必须认真找出产生系统误差的因素，并从以下几个方面设法使其消除或减小。

1）消除产生系统误差的根源：从产生误差的根源上消除系统误差是最根本的方法。它要求实验者，对测量过程中可能产生系统误差的各个环节做仔细分析，找出原因并在测量前加以消除。如，为了防止仪器的调整误差，在测量前要正确和严格地调整仪器；又如，为了防止测量过程中仪器的零点变动，在测量开始和结束时，都需检查零点；再如，为了防止经长期使用所导致的仪器精度降低，就要定期地对仪器进行严格的检定与维护。此外，如果系统误差是由外界条件变化引起的，应在外界条件比较稳定时进行测量。

2）采用修正法消除系统误差：这种方法是预先将仪器的系统误差检定或计算出来，做出误差表或误差曲线，然后取与误差数值大小相同、符号相反的值作为修正值，进行误差修正。即

$$X_{真}=X_{测}+X_{修}$$

如天平砝码不准，应采用标准砝码进行校核，确定每个砝码的修正值。在称量时就应加上相应砝码的修正值，这就克服了称量所造成的系统误差。容量瓶、滴定管、移液管等容量仪器可用水重量法求出各自的修正值。电阻、电表、温度计、压力计等，也可用相应的办法分别求得其修正值。

3）对消法消除系统误差：这种方法要求进行两次测量，使两次读数时出现的系统误差大小相等、符号相反。取两次测量值的平均值作为测量结果，以消除系统误差。例如，由于仪器灵敏度的限制，测量仪器的旋钮由右边调近测量值与由左边调近测量值的结果往往不同。这时，可取两个读数的平均值作为测量值。

综上可知，很难找到一个普遍有效的方法来消除系统误差。这是因为造成系统误差的各个因素，没有内在的联系。要克服它们，只能采用各个击破的方法。

2. 偶然误差　在实验时即使采用了最完善的仪器、选择了最恰当的方法、经过了十分精细的观测，所测得的数据也不可能每次相同，在数据末尾的一或两位上仍会有差别。在相同条件下多次测量同一量时，误差的绝对值时大时小，符号时正时负，但随着测量次数的增加，其平均值趋于零，即具有抵偿性，此类误差称为偶然误差或随机误差。

例如，酸碱滴定时，每次滴加碱的量为 38.37ml、38.34ml、38.40ml、38.35ml、38.36ml。在滴加碱量的末位数上不能重复，这是由于观察滴定终点颜色的变化、滴定的快慢、读数时的光线和位置等许多因素所造成的。

偶然误差虽可通过改进仪器和测量技术、提高实验操作的熟练程度来减小，但有一定的限度。所以偶然误差的存在是不可避免的。偶然误差的大小和符号一般服从正态分布规律，可采取多次测量，取平均值的办法来消除，而且测量次数越多（在没有系统误差存在的情况下），平均值就越接近于“真值”。

3. 过失误差　除了上述两类误差之外，还有所谓的“过失误差”。这种误差是由于实验者犯了某种不应犯的错误所引起的，如标度看错、记录写错等。这种错误在测量中应尽力避免。过失误差无规律可循，含有过失误差的测量数据只能舍弃不用，无法修正。

4. 系统误差与偶然误差之间的辩证关系　系统误差与偶然误差之间虽有着本质的不同，但在一定条件下它们可以互相转化。实际上，我们常把某些具有复杂规律的系统误差认为偶然误差，采用统计学方法来处理。不少系统误差的出现均带有随机性。例如，在天平称量时，每个砝码都存在着大小不等、符号不同的系统误差。这种系统误差的综合效果，对每次称量是不相同的，它具有很大的偶然性。因此，在这种情况下，我们也可把这种系统误差作为偶然误差来处理。

对按准确度划分等级的仪器来说，同一级别的仪器中每个仪器具有的系统误差是随机的，或大或小、或正或负，彼此都不一样。如一批容量瓶中，每个容量瓶的系统误差不一定相同，它们之间的差别是随机的。这种误差是属于偶然误差。当使用其中某一个容量瓶时，这种随机的偶然误差又转化为系统误差。我们可通过校核，确定其系统误差的大小。如果不校核或未被发现，仍然当做偶然误差来处理也是常有之事。

有时，系统误差与偶然误差的区分也取决于时间因素。在短时间内可能是基本不变的系统误差，但时间一长，则可能出现随机变化的偶然误差。

5. 精密度与准确度　精密度用来反映测量值的重复性。偶然误差小，数据重复性就好，测量的精密度就高。准确度是指测量值与真值符合的程度，而真值是指用已消除系统误差的实验手段和方法进行足够多次的测量所得的算术平均值或文献手册中的公认值。系统误差和偶然误差都小，测量值的准确度就高。在一组测量中，尽管精密度很高，但准确度并不一定很好；反之，若准确度好，则精密度一定高。换言之，高的精密度不能保证有高的准确度，但高的准确度必须有高的精密度来保证。

（二）误差的表达方法

1. 偶然误差的表达　偶然误差一般用以下 3 种方式表达。

（1）平均误差

$$\delta = \frac{\sum |d_i|}{n}$$

式中，d_i 为测量值 x_i 与算术平均值 $\overline{x}$ 之差，n 为测量次数，$\overline{x} = \frac{\sum x_i}{n}$，$i=1$，2，3，…，$n$。

（2）标准误差（或称均方根误差）

$$\sigma = \sqrt{\frac{\sum d_i^2}{n-1}}$$

式中，$\sum d_i^2 = (x_1 - \overline{x})^2 + (x_2 - \overline{x})^2 + \cdots + (x_n - \overline{x})^2$。

（3）或然误差

$$P = 0.675\,\sigma$$

或然误差 P 的意义是：在一组测量中若不计正负号，误差大于 P 的测量值与误差小于 P 的测量值，将各占测量次数的 50%，即误差落在 $+P$ 与 $-P$ 之间的测量次数，占总测量数的一半。

以上 3 种误差之间的关系为：

$$P : \delta : \sigma = 0.675 : 0.799 : 1.00 \quad 或 \quad P = 0.675\sqrt{\frac{\sum d_i^2}{n-1}}$$

平均误差的优点是计算简便，但用这种误差表示时，可能会把质量不高的测量掩盖住。而标准误差对一组测量中较大或较小的误差感觉比较灵敏，在近代科学中多采用标准误差的表达方式。

2. 准确度和精密度的表达　为了表达测量的准确度和精密度，又可将误差分为绝对误差和相对误差。

（1）绝对误差

$$\bar{x} \pm \delta \quad 或 \quad \bar{x} \pm \sigma$$

其中，δ、σ 分别为平均误差和标准误差。绝对误差表示了测量值与真值的接近程度，即测量的准确度。

（2）相对误差

$$平均相对误差 = \pm\frac{\delta}{\bar{x}} \times 100\%$$

$$标准相对误差 = \pm\frac{\sigma}{\bar{x}} \times 100\%$$

相对误差表示测量值的精密度，即各次测量值相互靠近的程度。

【例】　连续测量某酸溶液的浓度（$mol \cdot dm^{-3}$），得到下列表中数据。请据此计算平均值、平均误差和标准误差。

样品号	浓度/（$mol \cdot dm^{-3}$）	$x_i - \bar{x}$	$(x_i - \bar{x})^2$
1	0.1025	0.0000	0.00000000
2	0.1026	+0.0001	0.00000001
3	0.1035	0.0000	0.00000000
4	0.1027	+0.0002	0.00000004
5	0.1026	+0.0001	0.00000001
6	0.1023	−0.0002	0.00000004
7	0.1024	−0.0001	0.00000001
8	0.1022	−0.0003	0.00000009
9	0.1025	+0.0000	0.00000000
10	0.1023	−0.0002	0.00000004
		$\sum \lvert x_i - \bar{x} \rvert = 0.0012$	$\sum (x_i - \bar{x})^2 = 0.00000024$

算术平均值：$\bar{x} = 0.1025$

平均误差：$\delta = \pm\frac{0.0012}{10} = \pm 0.00012$

标准误差：$\sigma = \pm\sqrt{\frac{0.00000024}{9}} = \pm 0.00016$

平均相对误差：$\pm\dfrac{0.000\,12}{0.1025}\times100\%=\pm0.117\%$

标准相对误差：$\pm\dfrac{0.000\,16}{0.1025}\times100\%=\pm0.156\%$

（三）偶然误差的统计规律和可疑值的舍弃

1. 误差的正态分布　偶然误差符合正态分布规律，即正、负误差具有对称性。所以，只要测量次数足够多，在消除了系统误差和过失误差的前提下，测量值的算术平均值趋于真值：

$$\lim_{x\to\infty}\overline{x}=x_{真}$$

但是，一般测量次数不可能为无限多次，所以一般测量值的算术平均值也不等于真值。于是人们又常常把测量值与算术平均值之差称为偏差，常与误差混用。

如果用多次重复测量的数据作图，以横坐标表示标准误差 σ，以纵坐标表示各个偶然误差出现的次数 N，则可得到一对称曲线（图 1-3-1），图中曲线 1，2 代表用同一方法、在不同条件下的测量结果。当测量条件改变后，测量的误差 σ 也就随之改变，这时曲线的形状也就不同了。由图可见，σ 越大，即测量的精确度越差时，曲线越扁平；反之，曲线越陡峭。

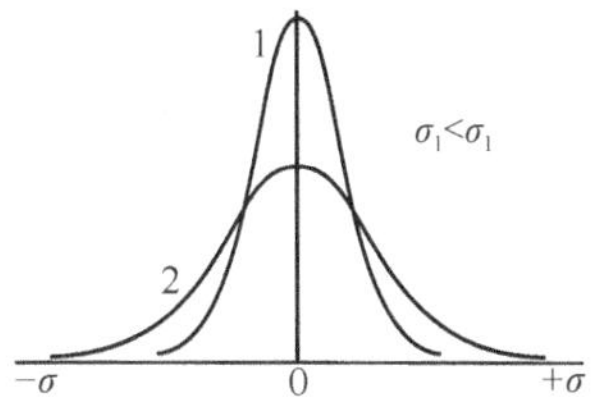

图 1-3-1　正态分布误差曲线

2. 可疑测量值的舍弃　在测量过程中，经常会发现有个别数据很分散，如果保留它，则计算出的误差将较大。初学者多倾向于舍弃这些数据，企图获得数据较好的重复性。这种任意舍弃不合心意的数据是不科学的。在实验过程中，只有当能充分证明某一“坏”数据是由实验中的过失误差引起的时（如称量时砝码加减有错误，样品在实验中被沾污、溅湿等），才能舍弃该数据。如果没有充分的理由，则只有根据误差理论决定数据的取、舍，才是正确的做法。常用的判断法则主要包括以下几方面。

（1）3σ 准则（赖特准则）：由随机误差正态分布曲线的积分计算可知，误差在 $\pm3\sigma$ 间出现的概率为 99.7%，误差在此范围外出现的概率只有 0.3%，即测量 300 次才能遇上一次。对于通常只测量一、二十次的实验，超出 $\pm3\sigma$ 范围的误差已不属于随机误差，而是过失误差。因此规定：当某一测量值的误差超过 $\pm3\sigma$ 时，则判断为过失误差，应予舍弃。然后重新计算 σ 值，并重新判断其他剩下的测量值。

（2）乔文涅法则：另一个舍弃可疑值的近似方法是乔文涅法则。该原理指出，某数据与包括这个数据在内的平均值的偏差，大于这组数据或然误差 P 的 k 倍时，此数据可舍弃。这个原理只有当包括可疑值在内，至少有 4 个以上数据时才能应用。常用 k 的数值列于表 1-3-1 中。

表 1-3-1　不同测量次数的 k 值

测量次数	k 值	测量次数	k 值
5	2.44	20	3.32
6	2.57	22	3.38
7	2.68	24	3.43
8	2.76	26	3.47
9	2.84	30	3.55
10	2.91	40	3.70
12	3.02	50	3.82
14	3.12	100	4.16
16	3.20	200	4.48
18	3.26	500	4.88

【例】 测定某赤铁矿样品中 Fe_2O_3 的百分含量，列于下表中，请判断最后一个数据（50.55%）能否舍弃（算术平均值 $\bar{x}$=50.34%）？

样品号	Fe_2O_3 的百分含量/%	与平均值的偏差
1	50.30	−0.04
2	50.25	−0.09
3	50.27	−0.07
4	50.33	−0.01
5	50.34	0.00
6	50.55	+0.21

求或然误差：

$$P = 0.675\sqrt{\frac{\sum d_i^2}{n-1}}$$

$$= 0.675\sqrt{\frac{0.04^2 + 0.09^2 + 0.07^2 + 0.01^2 + 0.21^2}{5}} = 0.073$$

由表 1-3-1 可知，当 $n = 6$ 时，$k = 2.57$，即

$$P \times k = 0.073 \times 2.57 = 0.19$$

因为 $0.21 > Pk$，所以应该舍弃 50.55%这个数据。在舍弃可疑值之后，重新计算保留下的 5 个数据的 $\bar{x}$ 和 P，它们分别为 50.30%和 0.061。

（四）间接测量结果的误差传递

测量分为直接测量和间接测量。凡是使用仪器或量具可以直接得到被测量值的测量为直接测量，如用直尺测量长度、用秒表记录时间、用天平称量质量、用安培计测量电流等。对于较复杂的不易直接测得的量，可通过直接测定的简单量按照一定的函数关系计算出来，即间接测量。如，测得圆柱形容器的高度 h 和底部直径 d，代入公式 $\rho = \frac{m}{V} = \frac{m}{(\pi d^2 h)/4} = \frac{4m}{\pi d^2 h}$ 就可求出装满容器中的样品的密度 ρ，从而使得直接测量值 h 和 d 的误差传递给 ρ。

误差传递符合一定的基本公式。通过间接测量结果误差的计算，可以判断出直接测量的误差对最后的结果产生多大的影响，并可了解哪一个直接测量是误差的主要来源。

1. 间接测量结果平均误差的计算 设有函数 $Z = f(x, y)$，其中 Z 由直接测量值 x，y 确定。则平均误差传递的基本公式为：

$$\mathrm{d}Z = \left(\frac{\partial f}{\partial x}\right)_y \mathrm{d}x + \left(\frac{\partial f}{\partial y}\right)_x \mathrm{d}y$$

如果测量值 x，y 的平均误差分别为 Δx，Δy，且足够小，可代替 $\mathrm{d}x$、$\mathrm{d}y$，则可得到简单函数及其误差计算公式，见表 1-3-2。

表 1-3-2 部分常见简单函数的平均误差公式

函数关系	绝对误差	相对误差
$Z = x + y$	$\pm(\lvert\Delta x\rvert + \lvert\Delta y\rvert)$	$\pm\left(\frac{\lvert\Delta x\rvert + \lvert\Delta y\rvert}{x+y}\right)$
$Z = x - y$	$\pm(\lvert\Delta x\rvert + \lvert\Delta y\rvert)$	$\pm\left(\frac{\lvert\Delta x\rvert + \lvert\Delta y\rvert}{x-y}\right)$

续表

函数关系	绝对误差	相对误差
$Z=xy$	$\pm(x\lvert\Delta y\rvert+y\lvert\Delta x\rvert)$	$\pm\left(\frac{\lvert\Delta x\rvert}{x}+\frac{\lvert\Delta y\rvert}{y}\right)$
$Z=\frac{x}{y}$	$\pm\left(\frac{x\lvert\Delta y\rvert+y\lvert\Delta x\rvert}{y^2}\right)$	$\pm\left(\frac{\lvert\Delta x\rvert}{x}+\frac{\lvert\Delta y\rvert}{y}\right)$
$Z=x^n$	$\pm(nx^{n-1}\Delta x)$	$\pm\left(n\frac{\lvert\Delta x\rvert}{x}\right)$
$Z=\ln x$	$\pm\left(\frac{\Delta x}{x}\right)$	$\pm\left(\frac{\lvert\Delta x\rvert}{x\ln x}\right)$

2. 间接测量结果标准误差的计算 若 $Z=f(x,\ y)$，则函数 Z 的标准误差为：

$$\sigma_Z=\sqrt{\left(\frac{\partial Z}{\partial x}\right)^2\sigma_x^2+\left(\frac{\partial Z}{\partial y}\right)^2\sigma_y^2}$$

部分常见简单函数的标准误差计算公式见表 1-3-3。

表 1-3-3 部分常见简单函数的标准误差公式

函数关系	绝对误差	相对误差
$Z=x\pm y$	$\pm\sqrt{\sigma_x^2+\sigma_y^2}$	$\pm\frac{1}{\lvert x\pm y\rvert}\sqrt{\sigma_x^2+\sigma_y^2}$
$Z=xy$	$\pm\sqrt{y^2\sigma_x^2+x^2\sigma_y^2}$	$\pm\sqrt{\frac{\sigma_x^2}{x^2}+\frac{\sigma_y^2}{y^2}}$
$Z=\frac{x}{y}$	$\pm\frac{1}{y}\sqrt{\sigma_x^2+\frac{x^2}{y^2}\sigma_y^2}$	$\pm\sqrt{\frac{\sigma_x^2}{x^2}+\frac{\sigma_y^2}{y^2}}$
$Z=x^n$	$\pm(nx^{n-1}\sigma_x)$	$\pm\frac{n}{x}\sigma_x$
$Z=\ln x$	$\pm\frac{\sigma_x}{x}$	$\pm\frac{\sigma_x}{x\ln x}$

（五）测量结果的正确记录和有效数字

测量的误差问题紧密地与正确记录测量结果联系在一起。由于测量得到的物理量或多或少都有误差，那么一个物理量的数值和数学上的数值就有着不同的意义。例如：

数学上 1.35=1.35000…

物理上 （1.35±0.01）m ≠（1.3500±0.0001）m

因为物理量的数值不仅能反映出量的大小和数据的可靠程度，而且还反映了仪器的精确程度和实验方法。如（1.35±0.01）m 可用普通米尺测量，而（1.3500±0.0001）m 则只能采用更精密的仪器才行。因此，物理量的每一位都是有实际意义的。当对一个测量值进行记录时，其数字位数应与仪器的精密度相符，即所记数字的最后一位为仪器最小刻度以内的估计值（称为存疑值），其他几位为准确值，这样的数字称为有效数字。有效数字的位数就指明了测量的精密度，它包括测量中可靠的几位和最后估计的一位数。现将与有效数字有关的一些规则和概念总结如下。

（1）任何一次直接量度值都要记到仪器刻度的最小估计读数，即记到第一位可疑数字。如用滴定管时，最小刻度为 0.1ml，它的最后一位估读数要记到 0.01ml。

（2）误差（绝对误差和相对误差）一般只有一位有效数字，至多不超过两位。

（3）任何一物理量的数据，其有效数字的最后一位，在位数上应与误差的最后一位一致，如：

1.35 ± 0.01（正确表达）

1.351 ± 0.01（缩小了结果的精密度）

1.3 ± 0.01（夸大了结果的精密度）

（4）有效数字的位数越多，数值的精确程度也越大，即相对误差越小，如：

(1.35 ± 0.01) m，有三位有效数字，相对误差 0.7%

(1.3500 ± 0.0001) m，有五位有效数字，相对误差 0.007%

（5）有效数字的位数与十进位制单位的变换无关，与小数点的位数无关。如 (1.35 ± 0.01) m 与 (135 ± 1) cm 完全一样，反映了同一个实际情况，都有 0.7%的误差。但在另一种情况下，例如 158 000 这个数值就无法判断后面 3 个“0”究竟是用来表示有效数字的还是用以标志小数点位置的。为了避免这种困难，我们常常采用指数表示法（科学记数法）。例如 15 800 若表示三位有效数字，则可写成 1.58×10^5。又如 0.000 000 135 只有三位有效数字，则可写成 1.35×10^{-7}。所以指数表示法不但避免了与有效数字的定义发生矛盾，也简化了数值的写法，便于计算。

（6）若第一位的数值等于或大于 8，则有效数字的总位数可以多算一位，例如 9.15 虽然实际上只有三位有效数字，但在运算时，可以看作四位。

（7）计算平均值时，若为 4 个数或超过 4 个数相平均，则平均值的有效数字位数可增加一位。

（8）在加减运算时，各数值小数点后所取的位数，应以其中小数点后位数最少的为准；在乘除运算时，各数值保留的有效数字，应以其中有效数字最少者为准；在乘方或开方运算中，结果可多保留一位。

（9）用对数作运算时，对数中的首数不是有效数字，对数的尾数位数，应与各数值的有效位数相当。

（10）算式中，常数 π、e 及乘子 $\sqrt{2}$ 和某些取自手册的常数，如阿伏伽德罗常数、普朗克常数等，不受上述规则的限制，其位数可按实际需要取舍。

四、实验数据的处理

实验结果的处理主要有 3 种方式，列表法、作图法和方程式法。在物理化学的实验数据处理时，通常是先列成表格然后绘制成图，再求曲线方程式，进而加以分析，并做一定的推论。现将这 3 种方法的应用及表达时应注意的事项分述如下。

（一）列表法

做完实验后，所获得的大量数据，应该尽可能整齐地、有规律地列表表达出来，使得全部数据能一目了然，便于处理、运算，容易检查而减少差错。利用列表法表达实验数据时，最常见的是列出自变量 x 和因变量 y 间的相应数值。列表时应注意以下几点。

（1）每一个表都应有简明而完备的名称。

（2）在表中的数据应化为最简单的形式表示，在表的每一行或每一列的第一栏，要详细地写出名称、单位和因次。

（3）在每一行中数字排列要整齐，位数和小数点要对齐，有效数字的位数要合理。

（4）原始数据可与处理的结果并列在一张表上，而把选用的处理方法和运算公式在表下注明。

（二）图解法

利用图形表达实验结果能直观地显示出数据的特点，如极大点、极小点、转折点、线性关系等；其次还能够利用图形作切线、求面积，可对数据做进一步处理，用处极为广泛。

1. 常用的图解法

（1）求内插值（内插法）：在两个变数的情况下，根据实验所得的数据，在直角坐标系中做出相当于变数 x 和 y 值的各点，将点连成平滑曲线，做出函数间的相互关系曲线 $y=f(x)$，然后找出与某函数相应的物理量的数值。例如，在溶解热的测定中，根据不同浓度下的积分溶解热曲线，可以直接找出该盐溶解在不同量的水中所放出的热量。

（2）求外推值（外推法）：在某些情况下，测量数据间的线性关系可外推至测量范围以外，求某一函数的极限值，此种方法称为外推法。

例如，强电解质无限稀释溶液的摩尔电导率 Λ_m 的值，不能由实验直接测定，但可直接测定浓度很稀的溶液的摩尔电导率，然后作图外推至浓度为 0，即得无限稀释溶液的摩尔电导率。

使用外推法应满足两个条件：第一，外推范围距实际测量的范围不能太远，且其测量数据间的函数关系是线性或可近似认为是线性的；第二、外推所得的结果与已有的正确经验不能有矛盾和抵触。

（3）作切线以求函数的微商：从曲线的斜率求函数的微商，在数据处理中是经常应用的。例如，利用偏摩尔体积的曲线作切线，可以从其斜率求出某一指定浓度下的偏摩尔体积。

（4）求经验方程：若函数和自变量有线性关系 $y=ax+b$，则以相应的 x 和 y 的实验数值（x_i，y_i）作图，作一条尽可能连接诸实验点的直线，由直线的斜率和截距，可求出方程中 a 和 b 的数值来；对指数函数可取其对数作图，则仍为线性关系。例如，反应速率常数 k 与活化能 E_a 的关系式（阿伦尼乌斯公式）为：

$$k = A \cdot \exp\left(-\frac{E_a}{RT}\right)$$

若根据不同温度 T 下的 k 值，作 $\lg k$ 对 $1/T$ 的图，则可得一条直线，由直线的斜率和截距，可分别求出活化能 E_a 和碰撞频率 A 的数值。其他的非线性函数关系经过线性变换，也可作类似的处理。

（5）求面积计算相应的物理量：例如，在求电量时，只要以电流和时间作图，求出曲线所包围的面积，即得电量的数值。

（6）求转折点和极值：这是作图法最大的优点之一，在许多情况下都能应用。例如，最低恒沸点的测定、低共熔点的测定等都用此法。

2. 作图的注意事项

（1）坐标纸和比例尺的选择：最常用的是直角坐标纸。在直角坐标纸上作图时，通常以自变量为横轴，因变量为纵轴，两个坐标轴的读数不一定从 0 开始，要视具体情况而定。

制图时选择合适的比例尺极为重要，因为比例尺不同将会引起图形形状的变化，进而会使曲线的某些特殊性质，如极值、转折点等显示不清。坐标纸比例尺的选择应满足以下几点要求。

第一、要能表示出全部有效数字，以便使作图法求得的物理量精确度和测量得到的精确度相一致。

第二、坐标纸每小格所对应的数值应便于简便读数和计算。

第三、充分利用坐标纸的全部面积，使全图布局合理。

第四、做出的图形是直线，则比例尺的选择应使其斜率接近 1，即直线与横轴成 45 度角。

（2）坐标轴及数据点的绘制：选定比例尺后，绘制好坐标轴，应在轴旁注明该轴所代表的变数名称及单位。横轴读数自左至右，纵轴读数自下而上。

绘制数据点时，应用铅笔以×、●、○、■、□、▲等符号标出（符号的大小应尽量表示出误差范围，若测量精确度很高，符号应小些，反之就大些）。在同一张图上如有数组不同的测量值，各组实验点应以不同符号表示，以示区别。

（3）曲线的连接：借助曲线尺或直尺把各点连成线，曲线应光滑而均匀，细而清晰。当曲线或直线不能完全通过所有实验点时，应尽量保证实验点均匀分布在曲线或直线两旁，数量上应近似相等。

3. 在曲线上作切线的方法

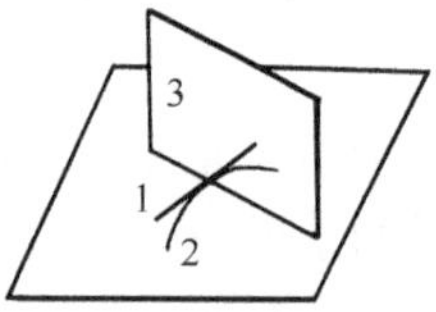

图 1-4-1　镜像法作切线的示意图
1—直尺；2—曲线；3—平面镜

（1）镜像法：如要作曲线上某一指定点的切线，可取一块薄平面镜，垂直放在图纸上，使镜边缘与图中曲线相交于该指定点。以此点为轴旋转平面镜，直至图上曲线与镜像中的曲线连接成一光滑曲线时，沿镜面作直线即为该指定点的法线，再做此法线的垂直线，即为该指定点的切线，见图 1-4-1。

（2）平行线法：在所选择的曲线段上做两条平行线 *AB* 与 *CD*，做这两线段中点的连接线交曲线于 *O* 点，做 *AB* 与 *CD* 的平行线 *EOF*，即为 *O* 点的切线，如图 1-4-2 所示。

（三）方程式法

该法是将实验中的数据用某种经验函数关系式表示出来。经验方程式是客观规律的一种近似描述，它是理论探讨的线索和依据。许多经验方程式中的系数与某一物理量是相对应的，因此为了求得某一物理量，将数据归纳总结成经验方程式，也是非常必要的。求方程式通常有图解法、平均值法和最小二乘法等。

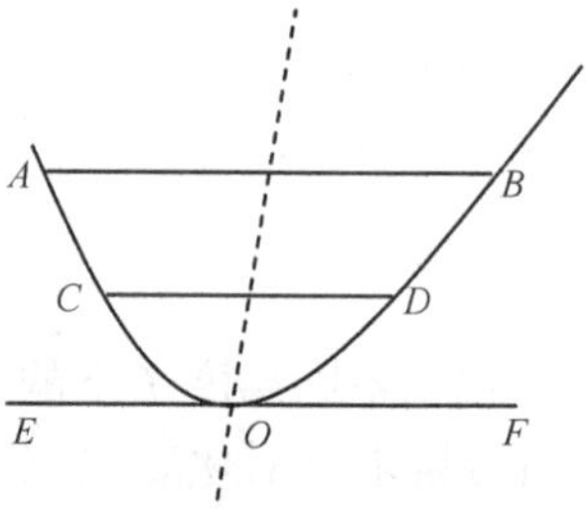

图 1-4-2　平行线法作切线的示意图

1. 图解法　在 x–y 的直角坐标纸上，用实验数据作图，若得一直线，则可用方程：

$$y = ax + b$$

表示。而 a，b 可用以下两法求出。

（1）截距斜率法。将直线延长交于 y 轴，截距为 b，而直线与 x 轴的夹角为 θ，则 $a=\tan\theta$。

（2）端值法。在直线两端选两点：(x_1, y_1)，(x_2, y_2)，将它代入上式，即得

$$\begin{cases} y_1 = ax_1 + b \\ y_2 = ax_2 + b \end{cases}$$

解此方程组，即得 a 和 b。

在许多情况下，直接用原始变量作图，并非直线，而须加以变换，另选变量，使其成直线。例如，表示液体或固体的饱和蒸气压 p 与温度 T 并非线性关系，只有它的克劳修斯-

克拉佩龙方程的积分形式：

$$\lg(p/p^0) = -\frac{\Delta H_\mathrm{m}}{2.303R}\cdot\frac{1}{T} + B$$

才是线性关系。以 lg（p/p^0）对 $1/T$ 作图，由直线斜率为$\frac{-\Delta H_\mathrm{m}}{2.303R}$，这样就可求汽化热或升华热。

又如固体在溶液中的吸附，吸附量 Γ 和吸附质的平衡浓度 c 的关系如下：

$$\frac{c}{\Gamma} = \frac{c}{\Gamma_\infty} + \frac{1}{\Gamma_\infty K}$$

作$\frac{c}{\Gamma} - c$图，即得直线，由直线斜率可求 Γ_∞。

又如指数方程 $y=be^{ax}$ 或 $y=bx^a$，均可取对数，使其变形为：

$$\ln y = ax+\ln b \text{ 或 } \ln y = a\ln x+\ln b$$

这样，若以 $\ln y$ 对 x 作图，或以 $\ln y$ 对 $\ln x$ 作图，均可得直线方程，进而求出 a 和 b。

若不知曲线的方程形式，则可参看有关资料，根据曲线的类型，确定公式的形式，然后将曲线方程变换成直线方程或表达成多项式。

2. 平均值法　不用作图而直接由所测数据计算。设实验得到几组数据：

$$(x_1, y_1), (x_2, y_2), (x_3, y_3), \cdots (x_n, y_n)$$

代入直线方程 $y = ax + b$ 中，得

$$\begin{cases} y_1 = ax_1 + b \\ y_2 = ax_2 + b \\ \quad\vdots \\ y_n = ax_n + b \end{cases}$$

就可以把 a，b 值确定下来。但是由于测定值各有偏差，所以这样处理数据误差较大。若定义第 i 组数据的残差 δ_i 为

$$\delta_i=b+x_i-y_i \ (i=1, 2, 3, \cdots)$$

则可采用如下的处理方法：

令经验公式中残差的代数和等于零，即

$$\sum_{i=1}^{n}\delta_i = 0$$

计算时把上述方程组分成数目相等的两组，按下式叠加起来，得到下面两个方程，解之即得 a，b。

$$\sum_{1}^{k}\delta_i = kb + a\sum_{1}^{k}x_i - \sum_{1}^{k}y_i = 0 \text{ 和 } \sum_{k+1}^{n}\delta_i = 0$$

3. 最小二乘法　若使残差的平方和为最小，即 $\varDelta = \sum_{1}^{n}\delta_i^2$ 最小，在最简单的情况下即为 $\varDelta = \sum_{1}^{n}(b + ax_i - y_i)^2$ 最小，由函数有极值的条件可知，必有$\frac{\partial\varDelta}{\partial b}$和$\frac{\partial\varDelta}{\partial a}$等于零，由此得出两个方程式：

$$\begin{cases} \dfrac{\partial \Delta}{\partial b} = 2\sum_{1}^{n}(b + ax_i - y_i) = 0 \\ \dfrac{\partial \Delta}{\partial a} = 2\sum_{1}^{n}x_i(b + ax_i - y_i) = 0 \end{cases}$$

亦即

$$\begin{cases} nb + a\sum_{1}^{n}x_i = \sum_{1}^{n}y_i \\ b\sum_{1}^{n}x_i + a\sum_{1}^{n}x_i^2 = \sum_{1}^{n}x_i y_i \end{cases}$$

解之，可以得到 a 和 b 值

$$\begin{cases} a = \dfrac{n\sum x_i y_i - \sum x_i \sum y_i}{n\sum x_i^2 - (\sum x_i)^2} \\ b = \dfrac{\sum y_i}{n} - a\dfrac{\sum x_i}{n} \end{cases}$$

这种方法处理数据较为烦琐，且需要 7 个以上的数据，但结果可靠。

（四）物理化学实验中常用的数据处理软件

在物理化学实验数据处理过程中，通常都要将实验数据绘制成图形或先对实验数据进行计算处理后再作图来直观地反映实验结果。传统的手工作图方法是对实验数据进行分析计算后利用铅笔、直尺、曲线板等在坐标纸上进行描点作图，这种作图方法费时、费力，随意性很强，人为误差大。比如同样的一组实验数据由不同的学生来处理，在描点画线、选取坐标比例时可能存在差异，最后会得到不同的实验结果。随着计算机的不断普及，计算机数据处理软件功能的不断强大，使得应用计算机处理物理化学实验数据变得越来越容易操作。应用计算机处理实验数据不仅可以减少在数据处理过程中由于人为因素而引入的各种误差，提高实验结果的准确度与精确度，而且还能使原本繁杂、费时的数据处理过程变得简单、快捷，极大地提高学生的学习效率和兴趣，从而使实验教学效果大大提高。当前被用于物理化学实验数据处理的计算机应用软件很多，如 Matlab 语言、Origin 及 Excel 数据处理软件等,其中 Microsoft 公司的 Excel 及 Microcal 公司的 Origin 软件因为具有简单、易学，操作简便等优点，而成为大多数学生处理实验数据首选的方法。

第二部分 基础实验

实验1 恒温槽的安装及性能测试

一、实验目的

1. 熟悉恒温槽的构造及原理，初步掌握恒温槽的安装与调试技术。

2. 测定恒温槽纵向温度分布。

二、预习要求

1. 阅读本实验附录一和附录二，了解水银温度计的校正方法及贝克曼温度计的工作原理。

2. 阅读本实验附录三，掌握SYP-Ⅱ型玻璃恒温槽的使用及调节方法。

三、实验原理

1. 恒温技术　许多物理化学实验需要在恒温条件下进行，恒温槽就是用于控制温度恒定的一种常见装置。它通常以液体为介质，依靠恒温控制器来自动调节其热平衡，从而实现恒温的目的。当恒温槽因对外界散热而使介质温度降低时，恒温控制器就使恒温槽内的加热器工作，当加热到所需温度时则停止加热，这样周而复始就可使介质的温度在一定范围内保持恒定。

普通恒温槽一般由槽体、工作介质、搅拌器、加热器、温度计、感温元件和控温元件组成，其简单装置见图2-1-1。

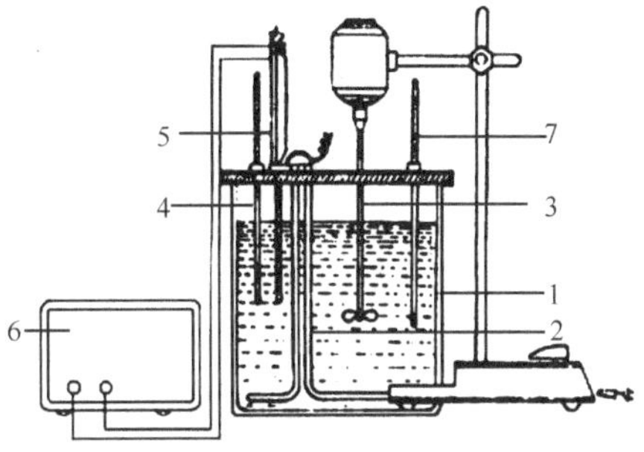

图2-1-1　恒温槽装置示意图

1—浴槽；2—加热器；3—搅拌器；4—1/10刻度温度计；5—感温元件（接触温度计）；6—恒温控制器；7—贝克曼温度计

2. 恒温槽的组成

（1）槽体及工作介质：如果要求控制的温度同室温相差不是太大，用敞口玻璃缸作为槽体其效果是比较满意的。而对于较高或较低的恒定温度，则应考虑保温问题。具有循环泵的超级恒温槽更为合适，这类恒温槽有时仅作供给恒温液体之用，而实验则在另一工作槽中进行。槽体的大小和规格视实际需要而定，在实验室中20L的圆形玻璃缸恒温水浴最为常用。

槽体中的工作介质应根据所要恒定的温度范围进行选择。根据恒温的程度，可以利用不同的工作物质作为介质。一般0～100℃多采用水为工作介质，为避免水分的蒸发，高于50℃的恒温水浴常在水面上加一层液体石蜡；100℃以上的恒温槽往往采用液体石蜡、甘油或豆油来代替水；更高温度的恒温槽则可采用沙子、盐、金属浴甚至空气作为介质。

（2）加热器：如果要求恒温的温度高于室温，则须不断向槽中供给热量以补偿其向环境散失的热量。这种情况下通常采用电加热器间歇加热来实现恒温控制。对电加热器的要求是热容量小、导热性好、功率适当。选择加热器的功率应视槽体的大小和恒定温度的实际需要而定。如容量为20L的浴槽，要求恒定温度为20～30℃时，可选用200～300W的加热器。此外，加热器的加热时间不宜过长，一般加热和停止加热的时间比例最好控制在

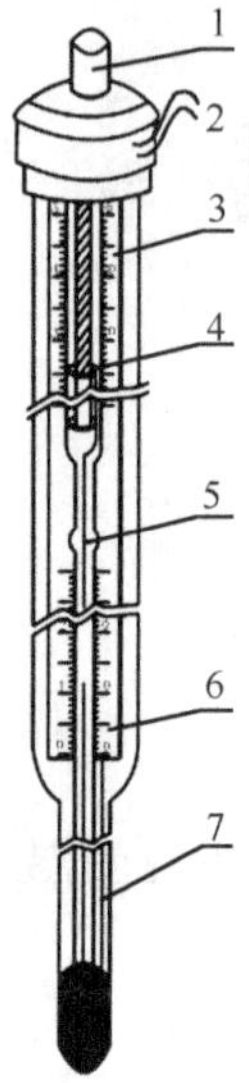

图 2-1-2　水银接触温度计

1—磁性螺旋调节器；2—电极引出线；3—指示螺母；4—可调电极；5—上标尺；6—下标尺；7—玻璃管

1∶10～1∶20，如每隔 60 秒加热 3～6 秒。加热器的位置一般位于槽体的中下部。

（3）搅拌器：为了保证恒温槽内的工作介质各部位温度均匀，需对液体介质进行搅拌。搅拌器的功率大小和安装位置对恒温效果有很大影响。一般选用功率 40W 的电动搅拌机，并通过变速器来调节搅拌速度。搅拌器的安装位置一般接近加热器并位于加热器的上方。

（4）温度计：为了观察恒温槽的温度，可选用 1/10 刻度的玻璃温度计。但为了提高恒温槽的灵敏度常采用贝克曼温度计或数字温差测量仪。温度计的安装位置应尽量靠近被测系统。

（5）感温元件：感温元件是恒温槽的感觉中枢，是决定恒温槽灵敏度的关键所在。实验中最常采用的感温元件为水银接触温度计，又称水银导电表，其结构见图 2-1-2。它有两个电极，一个固定与底部的水银球相连，另一个可调电极 4 为金属丝，由上部伸入毛细管内。顶端有一磁铁，可以旋转螺旋丝杆，用以调节金属丝的高低位置，从而调节设定温度。当温度升高时，毛细管中水银柱上升与金属丝接触，两电极导通，使继电器线圈中电流断开，加热器停止加热；当温度降低时，水银柱与金属丝断开，继电器线圈中电流通过，使加热器线路接通，温度又回升。如此不断反复，使恒温槽控制在一个微小的温度区间波动，被测体系的温度也就限制在一个相应的微小区间内，从而达到恒温的目的。

（6）温度控制器：温度控制器常由继电器和控制电路组成，故又称电子继电器。随着电子科技的发展，电子管继电器中的电子管逐渐被晶体管所代替。典型的晶体管继电器电路见图 2-1-3。当温度低于设定值时，水银接触温度计断开，E 通过电阻 R_b 给 PNP 型三极管的基极 b 通入正向电流 I_b，使三极管导通，电极电流 I_c 使继电器 J 吸下衔铁，K 闭合，加热器加热。当恒温槽温度升至设定值时，水银接触温度计接通，三极管发射极 e 与基极 b 被短路，三极管截止，J 中无电流，K 被断开，加热器停止加热。当 J 中线圈电流突然减少时会产生反电动势，二极管 D 的作用是将它短路，以保护三极管避免被击穿。

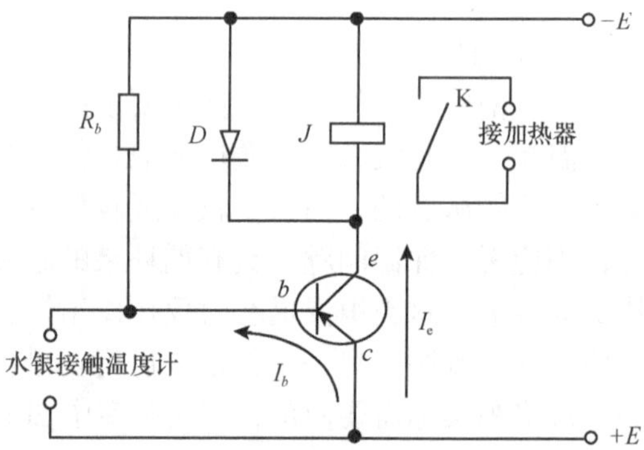

图 2-1-3　晶体管继电器电路图

此外，目前还广泛采用智能 PID 技术，控温和测温使用同一只温度传感器，可以按照设定自动调整加热系统，使得控温和恒温水平明显提升。

由于加热器的“通”“断”式的工作方式，使恒温槽的实际温度会在一定范围内波动，而且槽内各处的温度也会因搅拌效果的优劣、加热器的功率大小等因素而略有不同。灵敏度是衡量恒温槽恒温性能好坏的主要标志。灵敏度与恒温槽体积的大小及其热散失、搅拌器的功率、加热器的功率、继电器的精度及组装技术等因素均有关系。

为了测定恒温槽的灵敏度可在指定温度下采用贝克曼温度计或温差测量仪来测定恒温

槽温度的波动，做出恒温槽温度随时间的变化曲线，见图 2-1-4。若测得最高温度为 T_1，最低温度为 T_2，则该恒温槽的灵敏度 T_E 可表示为：

$$T_E = \pm\frac{T_1 - T_2}{2}$$

T_E 值越小，恒温槽的性能越佳。

综上所述，为了提高恒温槽的灵敏度和恒温效果，恒温槽元件配置应做到：加热器导热良好、功率适当且要安置在搅拌器的附近；温度传感器的探头应安置在加热器附近，并使恒温介质经旋转不断冲向探头；被恒温的系统一般要放在灵敏度最好的区域，测量温度的精密温度计应放置于被恒温系统附近等。

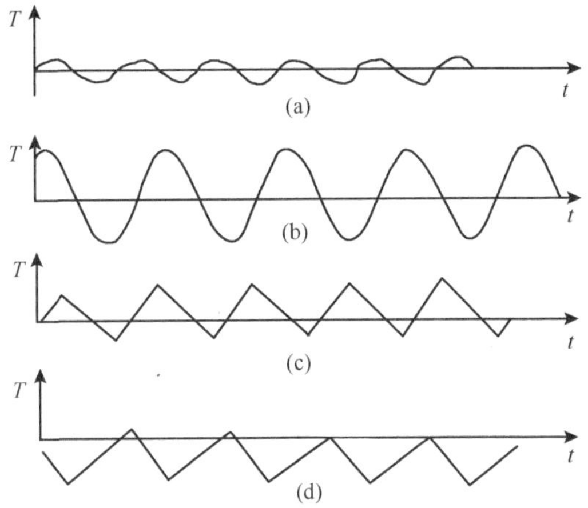

图 2-1-4　灵敏度曲线的几种形式

（a）—恒温槽灵敏度较高；（b）—灵敏度较差；（c）—加热器功率过大；（d）—加热器功率过小或散热太快

事实上，在整个恒温槽内，其纵向与横向都存在着温度梯度，且在一定的温度下随着加热器的构造和它在槽内的位置以及搅拌器速度等的不同，温度梯度的分布也不同。本实验采用 SYP-Ⅱ玻璃恒温水浴装置来测定恒温槽纵向的温度分布情况。

SYP-Ⅱ玻璃恒温水浴采用自整定 PID 技术，系统主要由玻璃缸体和控温机箱组成，其结构及各功能组件说明见图 2-1-5。

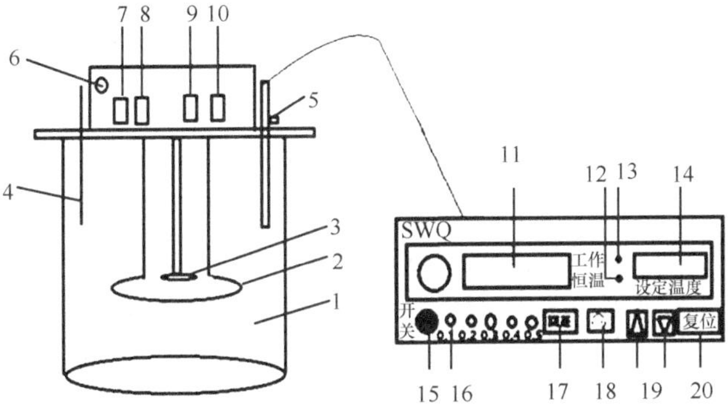

图 2-1-5　SYP-Ⅱ玻璃恒温水浴装置示意图

1—玻璃缸体；2—加热器；3—搅拌器；4—温度传感器；5—可升降支架；6—电源开关；7—搅拌强、弱键；8—搅拌器开关；9—加热强、弱键；10—加热器开关；11—实时温度显示窗口；12—恒温指示灯；13—工作指示灯；14—设定温度显示窗口；15—电源开关；16—回差指示灯；17—回差键；18—移位键；19—设定值增、减键；20—复位键

四、实验仪器及试剂

SYP-Ⅱ玻璃恒温水浴装置（南京桑力电子设备厂），数字贝克曼温度计。

五、实验步骤

1. 按附录三（SYP-Ⅱ玻璃恒温槽的使用及调节方法）安装好恒温槽并加入自来水。

2. 调节温控仪，将水浴温度升至（25.0±0.1）℃。

3. 当温度达到设定值后，仔细观察电热器“通”与“断”的时间是否大致相同，以及“通”与“断”的周期是否较短。

4. 将电子式贝克曼温度计置于温差测量挡，此时温度计显示温度精度为千分之一度。

5. 当恒温槽的温度稳定后，在槽内纵向选取 3 个点，其中一点靠近加热器，一点在恒温槽边缘，另一点在恒温槽的中间区域。分别用贝克曼温度计测定这 3 个位置的温度波动，每隔半分钟记录一次，连续记录时间及温度读数约 30 分钟（至少有 3 次最高最低温度值）。

六、数据记录与处理

1. 自行设计实验数据记录表，将温度及时间列入表中。

2. 用坐标纸绘制上述 3 个位置的灵敏度曲线图，即温度-时间图。对灵敏度曲线进行分析，评价恒温槽的控温性能。

3. 将最高与最低温度记录于表 2-1-1，并对恒温槽的控温灵敏度进行计算与讨论。

表 2-1-1　实验数据记录表

温度波动值	测温元件位置		
	上	中	下
最高			
最低			
温差			
平均温差			

七、思考与讨论

1. 从能量平衡的角度讨论如何选择加热器的功率大小？

2. 你认为还可以用什么测温元件来测量恒温槽温度波动曲线？

3. 设计一优良恒温槽，应具备什么条件？如何提高恒温槽的灵敏度？

附录一　水银温度计的校正

温度计的种类很多，其中水银温度计是最常用的，它的测温原理是基于不同温度时水银体积的变化与玻璃体积变化的差来反映温度的高低。它的优点是构造简单、使用方便、价格便宜、测量范围较广，一般适用于–35～360℃。如以特制的硬质玻璃制成，内充 Ne 或 Ar 等惰性气体时，可使测量范围扩大到 750℃以上。水银温度计的缺点是长期使用后由于温度计玻璃的性质有所改变，因而其形状和体积也将发生变化，并且在测温时，由于温度计的玻璃各部分受热不均而使指示的温度发生偏差。所以在精密测量中须事先对温度计进行校正。

1. 零点的校正　通常用待校温度计测量纯水的冰点进行校正。另外，也可用一套标准温度计进行校正。校正时，把标准温度计与待校温度计捆在一起，使它们的水银球一端并齐，然后浸在恒温槽中，逐渐升高槽温，用测高仪同时读下二者的读数，即可做出校正曲线，进行校正。

2. 露茎部分的校正　利用水银温度计进行测温时，应使温度计全部浸没于被测介质中，但实际上是不可能的，所以对温度计的露茎部分要进行校正。校正方法见附图 2-1-1，并按下式进行计算。

$$\Delta t = kl(t_{观} - t_{环})$$

式中，k=0.000157 是水银对玻璃的相对膨胀系数，$t_{观}$是测量温度计上的读数，$t_{环}$是附在测量温度计上的辅助温度计的读数（辅助温度计的水银球应置于观测温度计露在空气部分的水银柱中间为宜），l 是测量温度计水银柱露在空气中的长度（以刻度数表示）。利用上式可得出校正后的温度，即为：

$$t_{校}=t_{观}+\Delta t$$

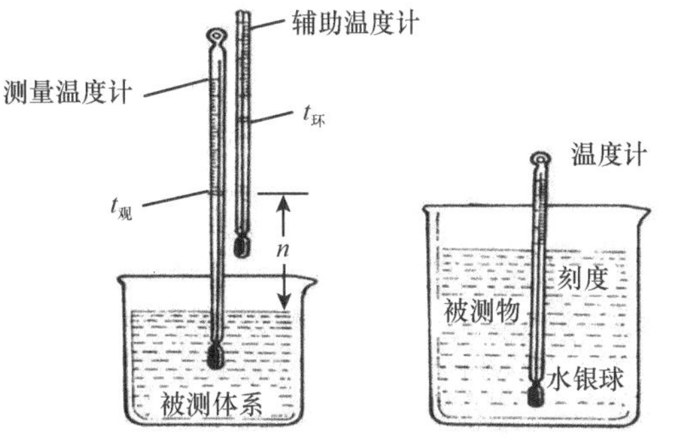

附图 2-1-1 温度计的露茎校正

附录二 贝克曼温度计

贝克曼温度计是一种能够精密测量温度差值的温度计。在物理化学实验中用于冰点降低、沸点升高、燃烧热等实验中测量温度差值。目前实验室常用的有水银贝克曼温度计和数字式贝克曼温度计。

一、水银贝克曼温度计（水银接触温度计）

（一）水银贝克曼温度计的特点

1. 全长只有 5～6℃，但可测量–20～+155℃范围内不超过 5～6℃的体系温差。

2. 刻度精细，每一度分 100 等份，可以估计到 0.002℃，精密度较高。

3. 它与普通温度计不同，在毛细管的上端加装了一个水银贮槽用来调节水银球中的水银量，所以可在不同的温度范围内测量（见图 2-1-2）。

4. 由于水银球中的水银量是可变的，因此水银柱的刻度值就不是温度的绝对值，只能在量程范围内读出温度的差值。如在 0℃左右测量温度差时，水银球中需要的水银量较多，可以从水银贮管中移一部分水银到水银球中来，以满足测量的需要；如在 100℃左右测量温差时，水银球中需要的水银量较少，则可将水银球中的水银移一部分到水银贮管中去。因此，使用时要根据需要调节。

（二）调节方法

1. 恒温水浴调节法

（1）连接水银：见图 2-1-2，为了调节水银球中的水银量，首先要将上下两部分的水银连接起来。将贝克曼温度计倒立（水银球向上），此时水银由于重力沿毛细管向下流动，与水银贮槽中的水银在 4 处相连接。然后慢慢正立（使水银球向下），动作要缓慢，否则上下两部分水银有可能在 4 处断开。

（2）调节水银球中的水银量：根据使用要求，确定水银柱升高到 4 处时的温度。例如，测定水的冰点降低时，希望水的冰点在贝克曼温度计标尺 3℃到 5℃处约升高 4℃，这时水浴的温度等于水的冰点温度加上 4℃。将连接好水银的贝克曼温度计放入 4℃水浴中（水浴温度要用 1/10℃水银温度计测量），恒温 5 分钟以上，取出贝克曼温度计。用左手紧握其中部，使它垂直于地面，靠近胸部，用右手轻击左手背或左手小臂，水银柱即可在 4 处断开。当贝克曼温度计从恒温水浴中取出后。由于温度的差异，水银柱内的水银会迅速上升，因此，要求动作轻快迅速，但不必慌乱，以免造成失误。

（3）检验：调节后将贝克曼温度计放入 0℃冰水中检验。观察贝克曼温度计的读数是否在 3℃左右，一般测水的冰点下降时，贝克曼温度计上的读数值，调节到 2～5℃是合适的，否则需要重调。

2. 标尺读数调节法　此法简便，是直接利用其上部水银贮管处的小标尺来调节，不必要恒温水浴，但调节的误差较大。

（1）连接水银：同上法。

（2）调节水银球中的水银量：在调节前最好先校正一下标尺的刻度，方法如下。将上下水银连接好后，在室温等 5 分钟左右，观察水银面在标尺的位置和室温差值。调节时要考虑此差值。若调节的温度比室温高，可将贝克曼温度计倒立，水银球中的水银流入水银贮管中，当水银贮管中的水银下切面正好移动到小标尺上估计的温度位置时，倒转贝克曼温度计，立即将水银柱切断，切断的方法同前；若调节的温度比室温低时，可将贝克曼温度计放入冷水或冰水中，观察贮管中水银下切面，当正好移动到小标尺上估计的温度位置时，将贝克曼温度计从冰水中取出，立即切断水银柱。

（3）检验：同前。

（三）使用注意事项

1. 贝克曼温度计尺寸较大，由玻璃制成。价格较贵，易损坏。所以不要任意放置，一般只能放置在以下 3 处：①不用时放在盒内；②调节时拿在手中；③调节后安装在仪器上。

2. 调节时不能重击，以免将毛细管震断。

3. 安装时不可夹得过紧，拆卸时要注意保护温度计。

二、数字式贝克曼温度计

（一）数字式贝克曼温度计的特点

1. 仪器具有 0.001℃的高分辨率，长期稳定性好。

2. 仪器除了数字显示清晰、读数准确、操作简便外，还设有读数保持，超量程显示功能。

3. 测量范围和温差基温范围均为–50～+155℃，根据需要可扩展为 199.99℃。

4. 为实验室消除汞污染和提高教学质量开辟了广阔的前景，而且安全性好、可靠性高。

5. 仪器设有 BCD 码输出。

（二）使用方法

1. 将传感器探头插入后盖板上的传感器接口。

2. 将 220V 电源接入后盖板上的电源插座。

3. 将传感器插入被测物中（插入深度应大于 50mm）。

4. 按下电源开关，此时显示屏显示仪表初始状态。

5. 选择基温。根据实验所需的实际温度选择适当的基温挡，使温差的绝对值尽可能的小。

6. 温度和温差的测定。若显示屏上显示为“0.000”，且闪烁跳跃，表明基温选择不当，导致仪器测量超量程，应重新选择合适的基温。调节面板上的“温度/温差”按钮，显示器显示数字并在末尾显示“℃”，表明仪器处于温度测量状态；若显示器最末显示“·”，表明仪器处于温差测量状态。

7. 当温度温差变化太快无法读数时，可按下测量/保持键，使仪器处于保持状态。

（三）注意事项

1. 传感器和仪器要配套使用，以保证温度检测的准确度。

2. 不宜放置在高温和潮湿的地方。

附录三 SYP-Ⅱ型玻璃恒温槽

SYP-Ⅱ型玻璃恒温槽主要由玻璃缸体和控温机箱组成，升温、控温、搅拌一体。控制设定温度数据双显示，采用自整定 PID 技术，自动地按设置调整加热系统。其构造见图 2-1-5。

一、使用方法

1. 向玻璃缸内注入其容积 2/3～3/4 的自来水，水位高度约 230mm，将温度传感器插入玻璃缸塑料盖预置孔内（左边），另一端与控温机箱后面板传感器插座相连接。

2. 用配备的电源线将市电 220V 与控温机箱后面板电源插座相连接。先将加热器电源开关、搅拌器开关置于“关”的位置，后打开温度控制器电源开关，此时显示器和指示灯均有显示。初始状态：实时温度显示为水温，置数指示灯亮（见附图 2-1-2）。

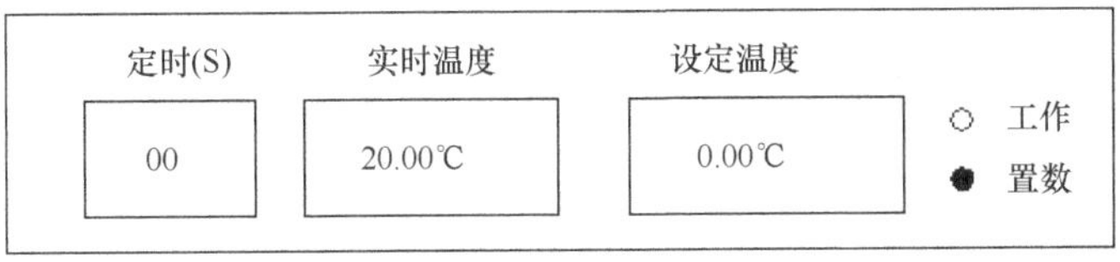

附图 2-1-2 温度控制器前面板示意图

3. 设置控制温度：按“工作/置数”键至置数灯亮。依次设置“设定温度”的十位、个位及小数点后的数字，直至调整到所需“设定温度”的数值。

4. 设置完毕，按 “工作/置数”键，转换到工作状态，工作指示灯亮。打开加热器电源开关，搅拌开关。此时，实时温度显示窗口显示值为水浴的实时温度值。当达到设置温度时，由 PID 调节自整定，将水浴温度自动准确地控制在设定的温度范围内。一般均可稳定、可靠地控制在设定温度的±0.02℃以内。

5. 根据实际控制温度的需要，调节搅拌速度开关和加热器强弱。需要快搅拌时“搅拌”置于“快”位置。通常情况下置于“慢”位置即可。升温过程中为使升温速度尽可能快，可将加热器功率置于“强”位置。当温度接近设定温度 2～3℃时，将加热器功率置于“弱”的位置，以免过冲，达到较为理想的控温目的。为了使水浴内温度均匀、波动小，设置完毕，即应接通搅拌开关位置，直到实验结束。

6. 根据实际需要可调节升降支架高低，只需松开螺丝，调整高度再拧紧螺丝即可。

7. 实验完毕，关闭加热器电源、搅拌器电源、控制器电源开关。为安全起见，拔下后面板插座电源线。

二、维护及注意事项

1. 玻璃缸表面光滑，碰撞易碎，故水浴搬运过程中，必须轻拿轻放，以免因破裂而引起安全事故。

2. 玻璃恒温槽不宜放置在潮湿及有腐蚀气氛的场所，应放置在通风干燥的地方。

3. 长期搁置再启用时，应将灰尘打扫干净后，将水浴试通电、试运行。检查有无漏电现象，避免因长期搁置产生的灰尘及受潮造成漏电事故。

4. 为保证使用安全，严禁无水干烧（玻璃缸内无水不允许通电加热）。水浴必须在加入足够的水（淹没加热器 100mm 以上）后才能通电加热。水位过低可能造成干烧而损坏加热器。

5. 传感器和仪表必须配套使用，不可互换。互换虽也能工作，但测控温的准确度会有所下降。

实验 2　纯液体饱和蒸气压的测定

一、实验目的

1. 了解静态法测定液体在不同温度下蒸气压的原理，进一步理解纯液体饱和蒸气压的概念及其与温度的关系。

2. 初步掌握真空实验技术。

3. 运用克劳修斯-克拉佩龙方程求算液体的摩尔汽化焓。

二、预习要求

1. 明确液体沸点、饱和蒸气压的定义及气液两相平衡的概念；了解液体饱和蒸气压与温度的关系。

2. 阅读本实验附录，了解饱和蒸气压测定实验装置各部分部件功能及使用方法，熟悉恒温槽的使用。

三、实验原理

一定温度下，气—液两相平衡时的蒸气压力就是纯液体在该温度下的饱和蒸气压。液体的蒸气压与温度有关，温度升高，分子运动加剧，蒸气压增大；反之，温度降低，蒸气压则减小。当蒸气压与外界压力相等时，液体"沸腾"，外压不同时，液体的沸点也不同。将外压为 101.325kPa 时，液体沸腾的温度称为该液体的正常沸点。液体的饱和蒸气压与温度的关系可用克劳修斯-克拉佩龙方程表示：

$$\frac{\mathrm{d}(\ln p^*)}{\mathrm{d}T}=\frac{\Delta_{\mathrm{vap}}H_{\mathrm{m}}}{RT^2}$$

式中，$\Delta_{\mathrm{vap}}H_{\mathrm{m}}$ 为液体的摩尔汽化焓，T 和 p 为两相平衡时的温度和压力，R 为气体常数。当温度变化范围较小时，$\Delta_{\mathrm{vap}}H_{\mathrm{m}}$ 可视为常数，将上式积分得

$$\lg p^*=-\frac{\Delta_{\mathrm{vap}}H_{\mathrm{m}}}{2.303R}\cdot\frac{1}{T}+C$$

以 $\lg p^*$ 对 $1/T$ 作图，得一条直线，直线的斜率为：

$$m=-\frac{\Delta_{\mathrm{vap}}H_{\mathrm{m}}}{2.303R}$$

由此可求出该液体在实验温度范围内的平均摩尔汽化焓。

测定蒸气压的方法一般分为静态法和动态法两类。静态法即把待测液装入一封闭体系中，通过调节外压以平衡液体的蒸气压，求出外压就能直接得到待测液体在该温度时的饱和蒸气压；或在不同外压下测液体的沸点，从而求得液体在不同温度下的饱和蒸气压。动态法中最常用的有饱和气流法，即通过一定体积的已被待测液体所饱和的气流，用某物质完全吸收，然后称量吸收物质增加的质量，求出蒸气的分压力。

本实验采用静态法（亦称等位法或等压法），通过测定在不同外压下液体的沸点，得到其蒸气压与温度间的关系。静态法的实验装置示意图见图 2-2-1，通过压力平衡管（亦称等位管或等压管）来测定液体蒸气压，其原理为：平衡管由 3 个相连的玻璃管 a、b 和 c 组成，a 管中储存液体，b 和 c 管中的液体在底部相通。当 a 和 c 管的液面上方纯粹是待测液体的蒸

气，且 b 和 c 管的液面在同一水平时，则加在 b 管液面上的压力与加在 c 管液面上的蒸气压力相等，该压力可由数字式真空压力计进行测定，此时液体温度即系统的气-液平衡温度。

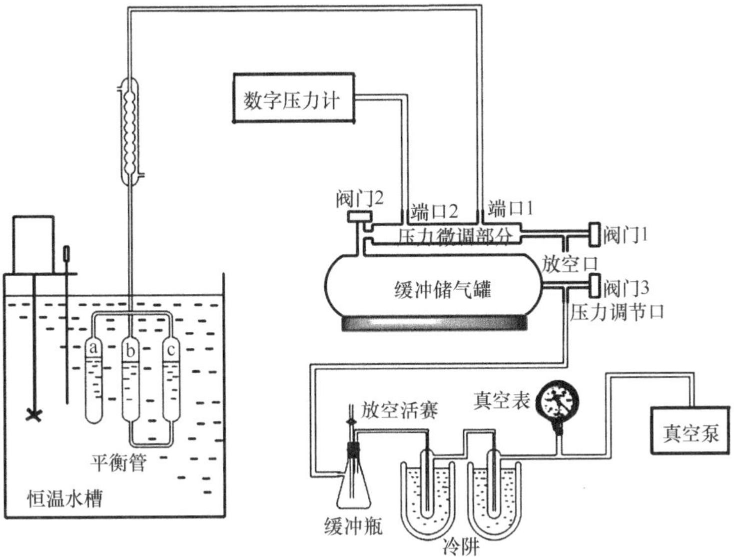

图 2-2-1　纯液体饱和蒸气压测定装置示意图

四、仪器与试剂

仪器：DP-AF 饱和蒸气压实验装置（南京桑力电子设备厂，包括真空泵、缓冲储气罐、数字真空计、平衡管和冷凝器等），恒温水槽，电吹风机，温度计。

试剂：正己烷（分析纯）、环己烷（分析纯）或无水乙醇（分析纯），氯化钠，无水氯化钙，5A 分子筛。

五、实验步骤

1. 按附录及图 2-2-1 安装好各种仪器。

2. 系统检漏。将平衡管取下洗净，烘干。上端磨口涂抹真空脂后连接到系统上，冷阱中放置冷却剂（冰盐混合物）。按本实验附录第（二）部分所述方法进行测试，检查系统的气密性，并熟悉真空系统的操作规则。

3. 向平衡管中装入待测液体。方法如下：先将平衡管取下，用电吹风机烤烘 a 管，赶走管内空气，迅速将液体自 b 管的管口灌入，冷却 a 管，液体即被吸入。反复二、三次，使液体灌至 a 管高度的三分之二和 U 型等位计的大部分为宜，然后接在装置上。

4. 抽空。接通冷却水，设定玻璃恒温水浴温度为 25℃，打开搅拌器开关。当水浴温度达到 25℃时，将真空泵接到压力调节口接嘴上。数字压力计采零，读取实验室大气压数值。关闭阀门 1，打开阀门 2。按操作规程开启真空泵，打开阀门 3 使体系中的空气被抽出。随着系统的压力降低，a、c 管间封闭的气体被连续鼓泡通过 b 管抽出，注意控制阀门 3 的开启程度，保持 1～2 秒一个气泡的鼓泡速率为宜，直至 a 管中的液体沸腾 3～5 分钟（一般观察不到液体内部的沸腾状态，以连续鼓泡为准）。关闭阀门 2，等待液体鼓泡停止。真空泵继续运行 3 分钟后，关闭阀门 3，按操作规程关闭真空泵。

5. 测定。观察 b、c 管的液面，一般是 b 管的液面高于 c 管的液面，此时缓缓打开阀门 1，漏入空气，当 U 型等位计中 b、c 管两臂的液面平齐时关闭阀门 1；若等位计液柱又发生变化，可缓慢打开阀 1 或阀门 2 重新调节使液面平齐。当阀门 1、2 均处于关闭状态且液柱不再变化时，记下恒温槽温度和压力计上的压力值。若液柱始终变化，说明空气未被抽干净，应重复上述操作步骤，直至液柱不再变化为止。

6. 将恒温水浴温度升高 5℃，升温过程中样品会重新沸腾，为控制过度沸腾导致的样品流失和污染真空系统，可根据实际情况微微开启阀门 1 压制，使不产生气泡。达到设定温度后，关闭阀门 1，恒温 5 分钟，按步骤 5 的方法调节、测定新温度下的样品蒸气压。按上述方法依次测定 25℃、30℃、35℃、40℃、45℃、50℃、55℃时样品的蒸气压。

7. 实验结束后，依次慢慢打开阀门 1 和阀门 2，使压力计恢复零位。关闭冷却水、恒温水浴和数字压力计，拔去所有的电源插头。将平衡管中样品全部倒出回收，平衡管清洗烘干备用。

六、注意事项

1. 真空泵开启后，再缓慢关闭放空阀。未开启放空阀前，不得关闭真空泵，否则可能导致真空泵油倒灌，使整个系统报废。

2. 测定过程中如不慎使空气倒灌入试液球 a，则需重新抽真空后方能继续测定。

七、数据记录与处理

1. 自行设计实验数据记录表，正确记录全套原始数据并可填入演算结果。

2. 以蒸气压 p^* 对温度 T 作图。

3. 由 p^*-T 曲线均匀读取 10 个点，列出相应的数据表，然后绘出 $\lg p^*$ 对 $1/T$ 的直线图，由直线斜率计算出被测液体在实验温度区间的平均摩尔汽化焓。

4. 将实验值与文献值进行比较，根据实验数据计算相对误差，并分析误差产生的原因。

八、思考与讨论

1. 如何判断 U 形等位计间的空气已全部排出？如未排尽空气，对实验有何影响？

2. 测定蒸气压时为何要严格控制温度？

3. 每次测定前是否需要重新抽气？

4. 本实验方法能否用于测定溶液的蒸气压，为什么？

5. 升温时如液体急剧汽化，应做何处理？

附录　饱和蒸气压实验装置各部分部件功能及使用方法

（一）DP-AF 精密数字压力计

DP-AF 精密数字压力计是低真空检测仪表，适用于负压的测量，可以代替 U 型水银压力计，消除其汞毒的缺点。精密数字压力计采用 CPU 对压力数据进行非线性补偿和零位自动校正，可以在较宽的环境温度范围内保证准确度。

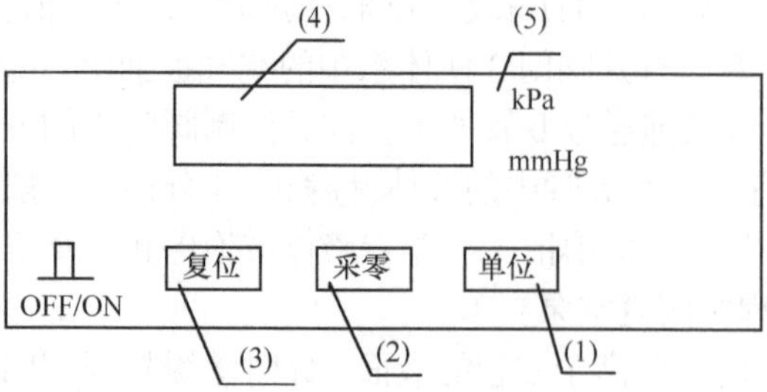

附图 2-2-1　前面板示意图

1. 使用条件

（1）电源：AC 220V±10%，50Hz。

（2）环境温度：−10～50℃。

（3）相对湿度：≤85%RH。

（4）压力传递介质：除氟化物气体外的各种气体介质均可使用。

2. 前面板示意图（附图 2-2-1）。

（1）单位键：选择所需要的计量单位。

当接通电源，初始状态为 kPa 指示灯亮，显示以 kPa 为计量单位的零压力值；按一下“单位”键，mmHg 指示灯亮，LED 显示以 mmHg 为计量单位的压力值。

（2）采零键：扣除仪表的零压力值（即零点漂移）。

（3）复位键：程序有误时重新启动 CPU。

（4）数据显示屏：显示被测压力数据。

（5）指示灯：显示不同计量单位的信号灯。

3. 后面板示意图（附图 2-2-2）。

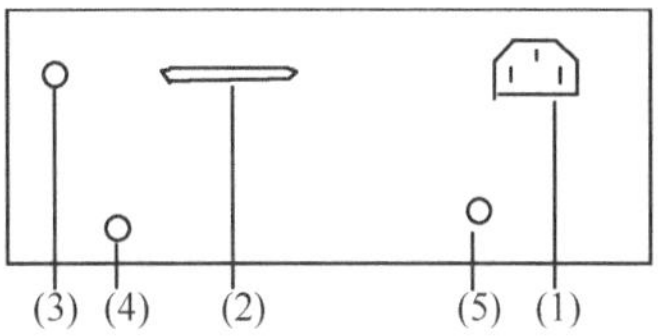

附图 2-2-2 后面板示意图

（1）电源插座：与～220V 相接。

（2）电脑串行口：与电脑主机后面板的 RS232C 串行口连接（可选配）。

（3）压力接口：被测压力的引入接口。

（4）压力调整：被测压力满量程调整。

（5）保险丝：0.2A。

（二）缓冲储气罐

全部采用不锈钢制造，设计新颖，外形美观，防腐性、气密性好。安装简便，使用安全、可靠。

1. 技术条件

（1）压力罐的使用压力：–100～250kPa。

（2）系统气密性：≤0.1kPa/10s。

2. 缓冲储气罐的使用方法（附图 2-2-3）。

（1）安装：用耐压橡胶管将真空泵气嘴与缓冲罐压力调节口接嘴相连接，端口 1 用堵头塞紧，端口 2 与数字压力表连接。打开数字压力表，阀门 1、2、3 全部打开（3 个阀均为顺时针旋转关闭，逆时针旋转开启），按数字压力表“采零”键使读数显示为“0.00kPa”。

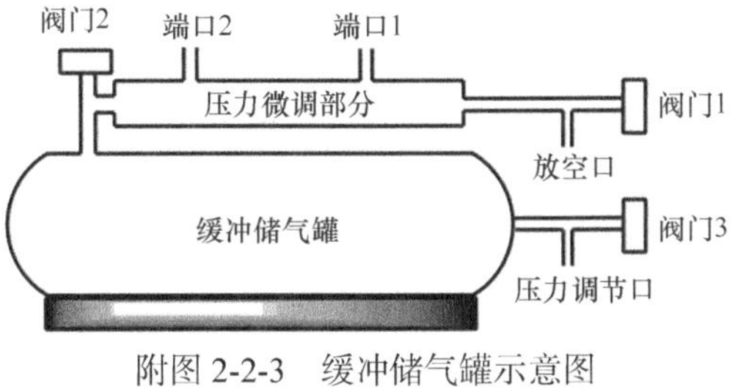

附图 2-2-3 缓冲储气罐示意图

（2）整体气密性检查：将阀 2、3 打开，阀 1 关闭。在真空系统的冷阱中放入冰盐浴，启动真空泵，缓慢关闭放空活塞，抽真空至压力为–100kPa 左右，关闭阀门 3。缓慢开启放空活塞后，关闭真空泵。观察数字压力计，若显示数值无上升（小于 0.01kPa/s），说明整体气密性良好。否则须查找并清除漏气原因，直至合格。

（3）“微调部分”的气密性检查：关闭阀门 2，用阀门 1 调整“微调部分”的压力，使之高于步骤②中压力的 1/2。关闭阀门 1，观察数字压力计，其显示值无变化，说明气密性良好。若显示值有上升说明阀 1 泄漏，若下降说明阀 2 泄漏。

3. 与被测系统连接进行测试 用橡胶管将缓冲储气罐端口 1 与被测系统连接，端口 2 与数字压力计连接。关闭阀 1，开启阀门 2，抽真空使“微调部分”与罐内压力相等。之后，关闭阀门 2，缓慢开启阀门 1，泄压至高于气罐压力。关闭阀 1，观察数字压力计，显示值变化≤0.01kPa/4s，即为合格。检漏完毕，开启阀 1 使微调部分泄压至零。

（三）WX 型直联旋片式无油真空泵

WX 型系列真空泵是一种不需要用油润滑就能运转的真空泵。它具有结构简单、操作容易、维护方便不会污染环境等优点。它是一种使用范围非常广的机械真空泵。

1. WX 型真空泵的主要特点

（1）由于无油真空泵不存在油蒸气，因此，当它使用时，工作环境和被处理的产品不会被油污染，是一种使用在严格要求无油蒸汽的工业中最理想的真空设备。

（2）无油真空泵不需要用油润滑，所以和油润滑型真空泵相比，经常性的维护和保养可大大减小，同时给维修带来诸多方便。

（3）应用多叶片高速转动，避免了吸气和排气中的脉冲波动。

（4）WX 型无油真空泵可以敞开大气连续运转。

（5）WX 型真空泵的极限真空为 6×10^{2}MPa。

2. WX 型真空泵的主要构造及工作原理　附图 2-2-4 为 WX 型真空泵的构造示意图，气体输送、过滤部分由左侧气箱等部件组成。工作时，气体从进气口吸入气箱，经滤芯过滤后进入泵体，通过偏心地置于泵体内的转子的运动，不断地改变泵体内两侧容积，一侧容积扩大吸入气体，另一侧容积缩小排出气体。由此周期地完成真空泵的吸气排气，从而获得真空。气体节流消音部分由右侧气箱等部件组成。气体通过节流膨胀后在各排出口引离排出。工作中可以根据不同的工作要求任意选择使用各个排气口。

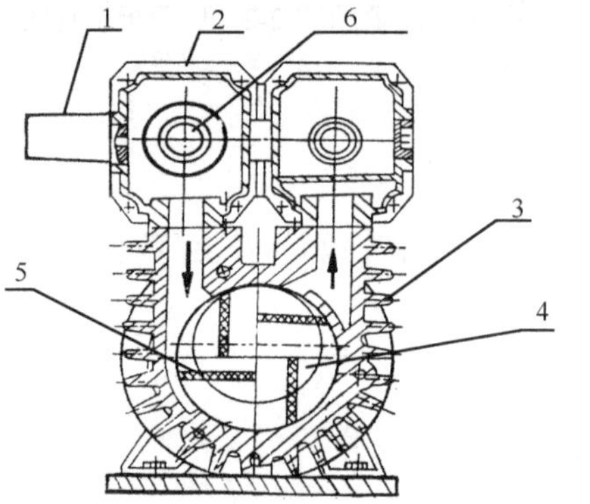

附图 2-2-4　WX 型真空泵的构造示意图
1—进气管；2—气箱；3—泵体温表；4—转子；5—叶片；6—真空表

3. 安装和使用条件

（1）应在具有充分良好的通风条件和低于 40℃的环境温度，无灰尘和脏物的清洁场所使用。

（2）不要使水、油等液体滴落到泵上，不要直接暴露在阳光中。

（3）泵必须安装在平坦的平面上，必须确保泵不因基础不牢固而引起震动。

（4）与泵连接的管道不宜过长和小于泵口进气口径，影响抽速，同时注意检查真空连接管道是否漏气。

（5）装接电线时，应注意电机铭牌上的规定接线要求。三相电机要注意电机旋转方向应与泵上标示箭头方向相同。

（6）在长时间的连续工作后，泵温会有大的上升，这是正常的。

（7）泵运转时，它的额定真空度是 6×10^{2}MPa。

（四）循环水泵

在需要粗真空度时，在实验室中也常用循环水泵代替油封机泵。此泵是用循环水产生喷射流而产生负压的一种真空抽气泵。此泵的优点是：①耐腐蚀，酸、碱以及其他腐蚀性气体不会损害泵，所以一般可以免去使用机械泵时所必需的净化装置；②水作为介质，使实验室和系统完全避免了油的污染；③可以提供循环冷却水。

使用循环水泵时应注意：①水箱中要保持足够多的水；②在水泵抽气口上要连接放空旋塞，使用完毕后要先使水泵与大气相通再关闭电源，以防止工作介质水倒吸至抽空的系统中。

（五）玻璃恒温水浴

参见“实验 1 恒温水浴的组装及其性能测试”。

实验3　燃烧热的测定

一、实验目的

1. 了解氧弹量热计的原理、构造及使用方法，掌握有关热化学实验的一般知识和测量技术。

2. 用氧弹量热计测定萘的燃烧热，明确燃烧热的定义。

3. 了解测定过程中热交换的影响及采用雷诺曲线校正温度改变值的方法。

二、预习要求

1. 阅读本实验附录一、二，了解气体钢瓶及减压器的使用方法和注意事项。

2. 阅读本实验附录三，了解雷诺图解法校正温度改变值的原理。

三、实验原理

根据热化学的定义，1mol 物质完全氧化时的反应热称作燃烧热。所谓完全氧化，对燃烧产物有明确的规定。譬如，有机化合物中的碳氧化成一氧化碳不能认为是完全氧化，只有氧化成二氧化碳才可以认为是完全氧化。

量热法是热力学的一个基本实验方法。在恒容或恒压条件下可以分别测得恒容燃烧热 Q_V 和恒压燃烧热 Q_P。由热力学第一定律可知：在没有非体积功的情况下，$Q_V=\Delta U$；$Q_P=\Delta H$。在氧弹式热量计中测得的燃烧热为 Q_V，而一般热化学计算多用 Q_P，若参加反应的气体可作为理想气体处理，则它们之间存在以下关系：

$$\Delta H = \Delta U + \Delta(pV) \tag{2-3-1}$$

$$Q_P = Q_V + \Delta nRT \tag{2-3-2}$$

式中，Δn 为反应物和生成物中气体的物质的量之差；R 为气体常数；T 为反应时的热力学温度。

氧弹量热计的基本原理是能量守恒定律。将 m 克待测物样品在氧弹中完全燃烧，燃烧时放出的热量使量热计本身及周围介质（W 克水）的温度升高 ΔT。用 W'表示量热计每升高一度所需要吸收的热量，即量热计的总热容（亦称仪器的水当量），C 表示水的质量热容，通过测定燃烧前后量热计（包括水介质）温度的变化值，就可以求算出样品的恒容燃烧放出的热量为：

$$Q_V = (CW + W')\Delta T \tag{2-3-3}$$

摩尔质量为 M 的物质恒容燃烧放出的热量为：

$$Q_V = \frac{M}{m}(CW + W')\Delta T \tag{2-3-4}$$

量热计的水当量 W'可以通过燃烧热已知的标准物质（如苯甲酸）放入量热计中完全燃烧，测其燃烧后前后的温度，并按式（2-3-5）进行标定：

$$W' = \frac{Q_{苯甲酸} \cdot m_{苯甲酸} + Q_{点火丝}}{\Delta T} - CW \tag{2-3-5}$$

已知量热计的水当量以后，就可以利用式（2-3-4）通过实验测定任一待测物质的燃烧热。

为了保证样品安全燃烧，氧弹中须充以高压氧气。因此，氧弹应有很好的密封性能，耐高压且耐腐蚀。氧弹放在一个与室温一致的恒温套壳中。盛水桶以内为本实验研究体系，盛水桶与套壳之间有一个抛光的挡板，以减少热辐射和空气的对流。氧弹式量热计实验装置图见图 2-3-1，图 2-3-2 是氧弹的剖面图，图 2-3-3 为氧弹充氧示意图，图 2-3-4 为样品压片过程示意图。

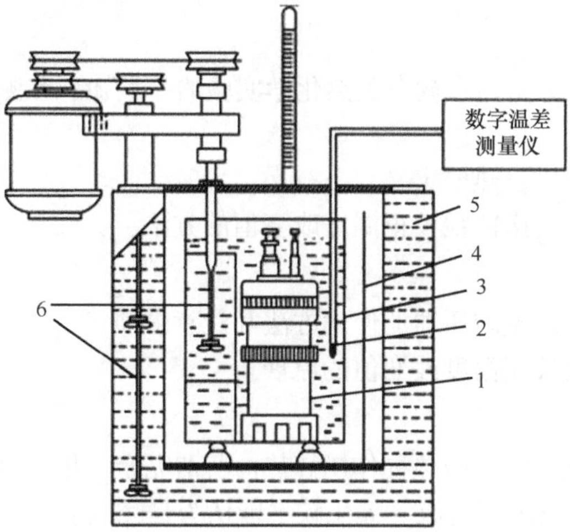

图 2-3-1　氧弹量热计示意图

1—氧弹；2—温差测量仪探头；3—盛水桶；4—挡板；5—外桶；6—搅拌器

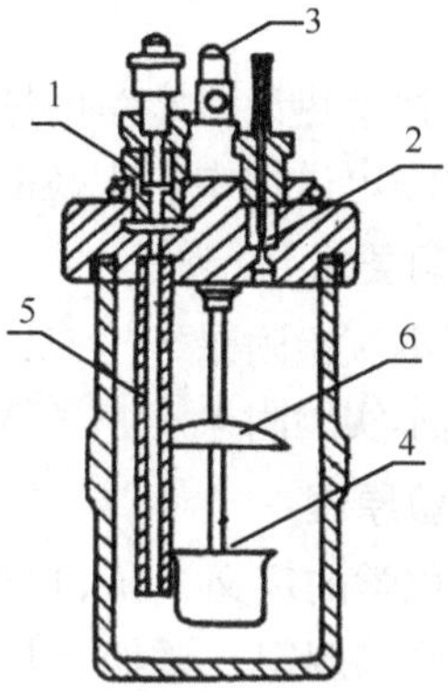

图 2-3-2　氧弹剖面图

1—进气孔；2—弹盖；3—电极；4—燃烧皿；5—电极；6—火焰遮板

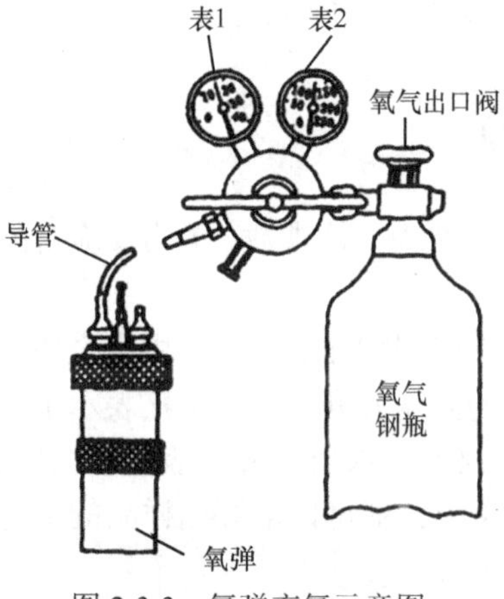

图 2-3-3　氧弹充氧示意图

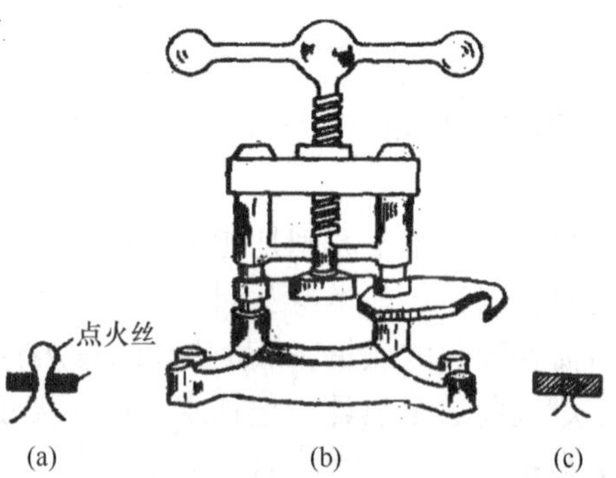

图 2-3-4　压片机及压片过程示意图

（a）火丝穿入底板；（b）压片机；（c）压好的样品

四、仪器与试剂

仪器：氧弹量热计及附件、压片机、氧气钢瓶、减压阀、数显贝克曼温度计、普通温度计。

试剂及耗材：苯甲酸（分析纯）、萘（分析纯）、引火丝（Ni-Cr 丝，Q_V=−2.9J · cm^{-1}）。

五、实验步骤

1. 将量热计及其全部附件加以检查、整理，并擦洗干净。

2. 量热计热容（水当量 W'）的测定

（1）装样：在台秤上称取苯甲酸 0.6g 左右，在压片机中压成片状，再用电子天平准确称量后放入氧弹的烧杯中。取已知重量（或长度）的引火丝（约 15cm），将其中部在大头针上绕 7～8 圈使成螺线管形。

（2）充氧：把充气阀接上氧气钢瓶的导气管，首先反时针旋松氧气表的减压阀，再打开氧气钢瓶的阀门，然后顺时针旋紧减压阀，使减压表的压力逐渐增大至 $20kg \cdot cm^2$，1 分钟后，关闭钢瓶阀门，旋松减压阀，取下充气阀上的导气管，排出氧弹内的空气。待氧弹内空气排出后，再重复上述操作，给氧弹再次充入约 2MPa 的氧气。使氧弹中不存在空气。

（3）安装量热计：将水桶放进量热计中，再放进氧弹，用容量瓶准确量取比夹套水温低 0.5～1.0℃的自来水 3000ml 装进水桶中（以浸泡至弹盖上缘为准）。在氧弹盖上接上点火导线，安装好搅拌器，盖上量热计盖子，装上数显贝克曼温度计，检查控制箱上的电源是否与控制对象相符，并将各开关均处于“关”的位置，然后接通电源，开动搅拌器。

（4）点火、测温：待温度变化基本稳定后，开始读点火前期的温度，每分钟记录一次显示温度，记下第 10 个数据的同时扳动“点火”键，点火指示灯由亮到灭表示样品已燃烧。氧弹内样品一经燃烧，水温很快上升，每隔 30 秒读取并记录一次温度，连续 10 分钟，便可停止实验。

（5）校验：结束工作停止搅拌，关闭电源，并使控制箱电钮回复原位，用贝克曼温度计测量夹套水温。取出氧弹并拭干，打开放气阀缓慢放气，拧开弹盖，如样品未烧完或内壁有炭黑，则实验失效，须重做。

（6）若燃烧完全，则将燃烧后剩下的引火丝在分析天平上称重（或测量长度）。倾去水桶中的水，用毛巾擦干全部设备待用。

3. 待测样品燃烧热的测定　准确称取 0.5g 左右的萘，按上述方法进行操作。

六、注意事项

1. 有些精密的测定，需对氧弹中所含氮气的燃烧值做校正。为此。可预先在氧弹中加入 5ml 蒸馏水。燃烧以后，将所生成的稀 HNO_3 溶液倒出，再用少量蒸馏水洗涤氧弹内壁，一并收集到 150ml 锥形瓶中，煮沸片刻，用酚酞作指示剂，以 $0.100mol \cdot L^{-1}$ 的 NaOH 溶液标定。每毫升碱液相当于 5.98J 的热值，这部分热能应从总的燃烧热中扣除。

2. 待测样品需干燥，受潮样品不易燃烧且称量有误。

3. 压片紧实程度要适当，太紧不易燃烧，太松容易破碎。

4. 燃烧第二个样品时，须再次调节水温。

5. 若水温没有上升，说明点火失败，应关闭电源，取出氧弹，放出氧气，仔细检查燃烧丝及连接线，找出原因并排除。

七、数据记录与处理

1. 参考本实验附录雷诺温度图的做法，作雷诺校正温度图，分别求出苯甲酸和萘燃烧前后量热计的温度变化值 ΔT 。

2. 利用已知苯甲酸的恒容燃烧热 Q_V ，根据式（2-3-5）求出量热计的水当量 W'。

3. 利用测得的量热计的水当量 W'和萘燃烧前后的温度变化 ΔT ，根据式（2-3-4）计算萘的恒容热 Q_V ，并计算其恒压燃烧焓 Q_p 。

4. 计算实验误差，分析误差来源。

5. 文献值见表 2-3-1。

表 2-3-1　苯甲酸及萘在 $P^{\ominus}$ 下的燃烧焓数据

物质	$kcal \cdot mol^{-1}$	$kJ \cdot mol^{-1}$	$J \cdot g^{-1}$
苯甲酸（20℃）	–771.24	–3226.9	–26410
萘（20℃）	–1231.8	–5153.8	–40205

八、思考与讨论

1. 本实验中，哪些是体系？哪些是环境？体系和环境通过哪些途径进行热交换？这些热交换对实验结果有何影响？如何进行校正？

2. 水桶中的水温，为什么要选用比环境温度低 0.5～1.0℃？否则有何影响？

3. 搅拌过快或过慢有什么影响？

4. 如何用萘的燃烧热数据来计算萘的标准生成焓？

附录一　常用气体钢瓶的使用及注意事项

在物理化学实验中，经常要使用一些气体，为了便于运输、贮藏和使用，通常将气体压缩为高压气体（如氢气、氮气和氧气等）或液化气体（如液氨和液氯等），灌入耐压钢瓶内。当钢瓶受到撞击或高温时就会发生爆炸和危险。另外有一些压缩气体或液化气体则具有剧毒，一旦泄漏，将造成严重后果，因而在物理化学实验中，正确地和安全地使用各种压缩气体或液化气体钢瓶是十分重要的。使用钢瓶时，必须注意下列几点。

1. 在气体钢瓶使用前，要按照钢瓶外表油漆颜色、字样等正确识别气体种类，不要误用，以免造成事故。据我国有关部门规定，各种钢瓶必须按照下述规定进行漆色、标注气体名称和涂刷横条。其规格见附表 2-3-1。

附表 2-3-1　钢瓶的规格

钢瓶名称	外表颜色	字样	字样颜色	横条颜色
氧气瓶	天蓝	氧	黑	—
氢气瓶	深绿	氢	红	红
氮气瓶	黑	氮	黄	棕
纯氩气瓶	灰	纯氩	绿	—
二氧化碳气瓶	黑	二氧化碳	黄	黄
氨气瓶	黄	氨	黑	—
氯气瓶	草绿	氯	白	白
氟氯烷瓶	铝白	氟氯烷	黑	—

如钢瓶因使用日久色标脱落，应及时按以上规定进行漆色、标注气体名称和涂刷横条。

2. 气体钢瓶在运输、贮存和使用时，注意勿使气体钢瓶与其他坚硬物体撞击，或曝晒在烈日下，以及靠近高温处，以免引起钢瓶爆炸。钢瓶应定期进行安全检查，如进行水压试验、气密性实验和壁厚测定等。

3. 严禁油脂等有机物沾污氧气钢瓶，因为油脂遇到逸出的氧气就可能燃烧，如已有油脂沾污，则应立即用四氯化碳洗净。氢气、氧气或可燃气体钢瓶严禁靠近明火。

4. 存放氢气钢瓶或其他可燃性气体钢瓶的房间注意通风，以免漏出的氢气或可燃性气体与空气混合后遇到火种发生爆炸。室内的照明灯及电气通风装置均应防爆。

5. 原则上有毒气体（如液氨等）钢瓶应单独存放，严防有毒气体逸出，注意室内通风。最好在存放有毒气体钢瓶的室内设置毒气鉴定装置。

6. 若两种钢瓶中的气体接触后可能引起燃烧或爆炸，则这两种钢瓶不能存放在一起。如氢气瓶和氧气瓶、氢气瓶和氯气瓶等。氧、液氯、压缩空气等助燃气体钢瓶严禁与易燃品堆放在一起。

7. 气体钢瓶存放或使用时要固定好，防止滚动或跌倒。为确保安全，最好在钢瓶外面装置橡胶防震圈。液化气体钢瓶使用时一定要直立放置，禁止倒置使用。

8. 使用钢瓶时，应缓缓打开钢瓶上端的阀门，不能猛开阀门，也不能将钢瓶内的气体全部用完，要留一些气体，以防止外界空气进入气体钢瓶。

附录二 DJ6 型气体减压器

DJ6 型气体减压器用于瓶装氧气减压用，能保持稳定和足够的流量输送到氧弹中，该减压器进气最高工作压力为 $150\text{kg}\cdot\text{cm}^2$，最低工作压力不低于调节压力的 2 倍。该器带有两个压力表，其中一个指示氧气瓶内的压力，可指示 $0\sim250\text{kg}\cdot\text{cm}^2$。另一个表是指示被充氧气的氧弹压力，可指示 $0\sim40\text{kg}\cdot\text{cm}^2$。两个表之间装有减压阀。各连接部分，禁止使用润滑油。如任一连接部分被油类污染，必须用汽油或酒精洗净并风干。

DJ6 型气体减压器的使用方法如下。

1. 将氧气筒摆稳固定，取下筒上钢帽，将氧气表与钢筒接上。
2. 将氧弹盖旋紧、关紧出气阀，将进气阀盖除去，接上紫铜管上的进气螺旋。
3. 放松调压阀（即关住调压阀的出气口），打开总阀门，总压力表即指示钢筒内总压力。旋紧调压阀门（向上顶，即打开调压阀门的出气口），直至压力表指示出所需压力（约 20 大气压）。至压力表指示值稳定后约一分钟，氧气就已充好。
4. 放松调压阀。再关住总阀门，松开紫铜管与氧弹接头。
5. 旋紧调压阀，放出总压表与总阀门之间的余气。再放松调压阀门，恢复原状。
6. 将氧弹盖上的进气口的螺丝旋上。

附录三 雷诺校正温度作图法

为准确求得 ΔT，须以温度对时间作图。由于量热计绝热不好，会有热传导、蒸气、对流、辐射等引起的热交换以及搅拌所引入的搅拌热等，所以量热计内的温度会有变化，实验中常采用雷诺图解法对 ΔT 进行温度校正，其具体做法如下。

将燃烧前后历次观察到的水温记录下来，并作图，联成 *abcd* 线（附图 2-3-1（a））。图中 *b* 点相当于开始燃烧的点，*c* 点为观察到的最高温度读数点。由于量热计和外界的热量交换，曲线 *ab* 和 *cd* 常常发生倾倒。取 *b* 点所对应的温度 T_1，*c* 点对应的温度 T_2，平均温度 $T=(T_1+T_2)/2$，经过 *T* 点作横坐标的平行线 *TO*，与折线 *abcd* 相交于 *O* 点，再过 *O* 点做垂直线 *AB*，此线与 *ab* 线和 *cd* 线的延长线相交于 *E*、*F* 点，则 *E* 点和 *F* 点所表示的温度

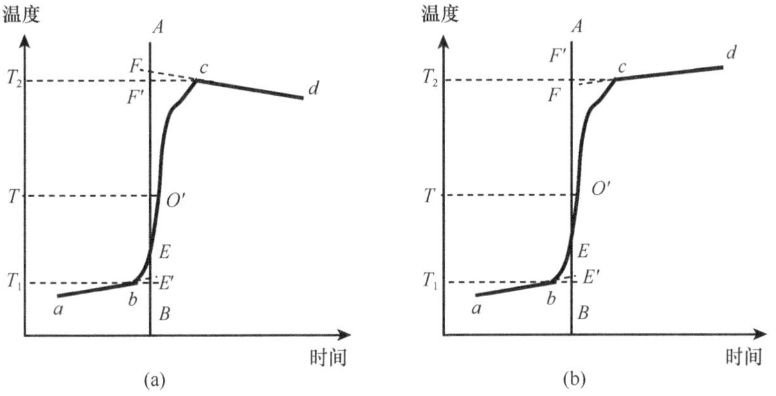

附图 2-3-1 雷诺校正图

（a）绝热较差时的温度校正图；（b）绝热较好时的温度校正图

差为欲求温度的升高值 ΔT。图中 EE' 表示因环境辐射和搅拌产生的热量所造成的量热计温度的升高，这部分温度变化是必须扣除的；而 FF' 表示量热计向环境辐射出热量而造成量热计温度的下降，因此这部分温度变化是必须加入的。经过这样校正后的 E、F 两点的温度差才能客观地表示由于样品燃烧使量热计温度升高的数值。

有时量热计绝热情况良好，热漏较小，但由于搅拌会引入少量能量，使燃烧后的最高点不能出现，如附图 2-3-1（b）所示，这时 ΔT 仍可按相同原理进行校正。

实验 4　偏摩尔体积的测定

一、实验目的

1. 用截距法测定乙醇溶液中乙醇和水的偏摩尔体积。
2. 掌握测定体积密度的比重瓶法。
3. 通过实验进一步了解多组分系统中偏摩尔量的概念及物理意义。

二、预习要求

1. 明确偏摩尔体积的概念及物理意义。
2. 了解比重瓶的使用方法及注意事项。

三、实验原理

在多组分体系中，某组分 i 的偏摩尔体积定义为：

$$V_i = \left(\frac{\partial V}{\partial n_i}\right)_{T,p,n_C} \tag{2-4-1}$$

若是二组分体系，则有：

$$V_A = \left(\frac{\partial V}{\partial n_A}\right)_{T,p,n_B} \qquad V_B = \left(\frac{\partial V}{\partial n_B}\right)_{T,p,n_A}$$

体系总体积：

$$V = n_A V_A + n_B V_B \tag{2-4-2}$$

将式（2-4-2）两边同除以溶液质量 m，可得：

$$\frac{V}{m} = \frac{m_A}{M_A} \cdot \frac{V_A}{m} + \frac{m_B}{M_B} \cdot \frac{V_B}{m} \tag{2-4-3}$$

令：

$$\frac{V}{m} = \alpha\ ,\quad \frac{V_A}{M_A} = \alpha_A\ ,\quad \frac{V_B}{M_B} = \alpha_B \tag{2-4-4}$$

式中，α 定义为溶液的比容（即每克溶液的体积）；α_A、α_B 分别定义为组分 A、B 的偏质量体积。

将式（2-4-4）代入式（2-4-3）可得：

$$\alpha = W_A\%\alpha_A + W_B\%\alpha_B = (1 - W_\mathrm{B}\%)\alpha_A + W_B\%\alpha_B \tag{2-4-5}$$

将式（2-4-5）对 $W_B\%$ 微分，$\dfrac{\partial \alpha}{\partial W_B\%} = -\alpha_A + \alpha_B$，即

$$\alpha_B = \frac{\partial \alpha}{\partial W_B\%} + \alpha_A \tag{2-4-6}$$

将式（2-4-6）代回（2-4-5），整理可得：

$$\alpha = \alpha_A + W_B\% \cdot \frac{\partial \alpha}{\partial W_B\%} \tag{2-4-7}$$

和

$$\alpha = \alpha_B - W_A\% \cdot \frac{\partial \alpha}{\partial W_B\%} \tag{2-4-8}$$

所以，实验求出不同浓度溶液的比容α（即密度的倒数），做α-$W_B\%$关系图，得曲线CC'（图 2-4-1）。如欲求浓度为M的溶液中各组分的偏摩尔体积，可在曲线上过M点作切线，此切线在两边的截距AB和$A'B'$即为α_A和α_B，再由关系式（2-4-4）就可求出V_A和V_B。

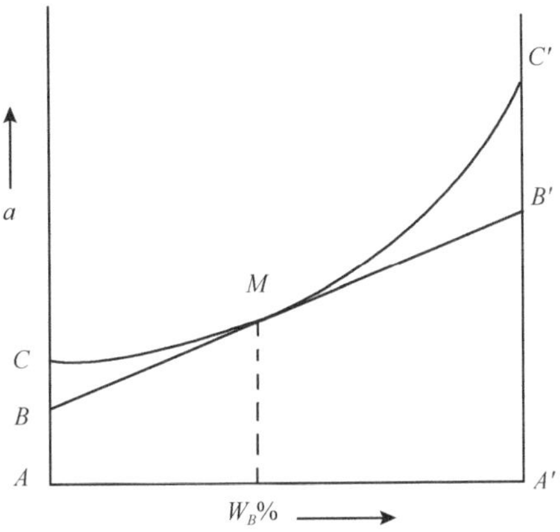

图 2-4-1 比容-质量分数关系图

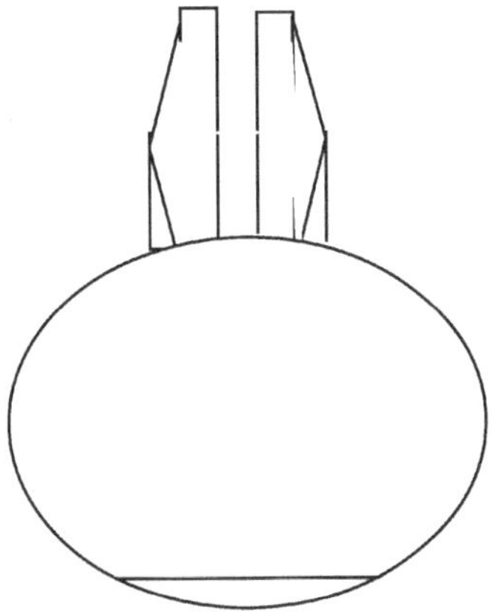
图 2-4-2 比重瓶

四、仪器与试剂

仪器：恒温槽、电子天平、磨口锥形瓶（50ml）4 只、比重瓶（10ml）2 只。

试剂：无水乙醇（分析纯）、蒸馏水。

五、实验步骤

1. 调节恒温槽温度 为（25.0±0.1）℃。

2. 溶液配制 用磨口锥形瓶准确配制乙醇的体积百分数分别为 0%、20%、40%、60%、80%和 100%的乙醇水溶液，每份溶液的总体积控制在 50ml 左右。配好后盖紧塞子，以防挥发。

3. 比重瓶体积的标定 将比重瓶洗净烘干，用电子天平精确称空瓶重量。用滴管或注射器将蒸馏水注满比重瓶（图 2-4-2），盖上毛细管瓶塞，注意瓶内不能有气泡。将比重瓶置于恒温槽恒温，注意恒温槽内的水面不要没过比重瓶的磨口处。比重瓶内液体由瓶塞的毛细孔溢出，约 10 分钟后。取出比重瓶，用滤纸将比重瓶表面及瓶塞毛细管口外的液体吸干，迅速称重，即可得 25℃时比重瓶中水的质量，两只比重瓶平行测量。根据该温度下水的密度值可分别计算出两只比重瓶的体积。

4. 不同浓度乙醇溶液比容的测定 将上述比重瓶中的蒸馏水倒出，用待测液洗涤 2 次（毛细管也要洗涤），按上述方法测定每份乙醇-水溶液的比容。

六、注意事项

1. 称量前一定要把比重瓶外壁擦干。

2. 称量操作要迅速，且用手指抓住瓶颈处，不要抓瓶体，以免使温度升高，液体外溢。

七、数据记录与处理

1. 计算比重瓶的体积　已知在 25℃时纯水的密度为 997.07kg · m^{-3}，则比重瓶的体积可用下式计算：

$$V_{比重瓶}=\frac{m_{水}}{997.07\text{kg}\cdot\text{m}^{-3}}$$

2. 计算各溶液中乙醇的准确质量分数 W_B%。

3. 计算实验条件下各溶液的比容α。

上面测得 25℃时比重瓶中装有的溶液质量为 $m_{溶液}$，则各浓度溶液的比容可按下式进行计算：

$$\alpha=\frac{V_{比重瓶}}{m_{溶液}}$$

4. 以比容α为纵坐标，乙醇的质量分数 W_B%为横坐标作图。并在 W_B%=30%点处作切线于两侧纵轴相交，即可求得α_A和α_B。

5. 按式（4）求算乙醇质量分数为 30%的溶液中乙醇和水的偏摩尔体积及 100g 该溶液的总体积。

八、思考与讨论

1. 影响实验结果精度的主要因素是什么?

2. 偏摩尔体积有可能小于零吗?

3. 实验中产生误差的原因有哪些？如何改进比重瓶的构造可使实验准确度提高?

实验 5　凝固点降低法测定摩尔质量

一、实验目的

1. 掌握稀溶液凝固点的测量技术及精密数字温度温差仪的使用。

2. 利用凝固点降低法测定萘的摩尔质量，加深对稀溶液依数性的理解。

二、预习要求

1. 明确凝固点的概念及稀溶液的依数性质。

2. 了解凝固点降低法测定物质摩尔质量的基本原理。

3. 了解 SWC-LGD 凝固点测定仪面板各按键的功能。

三、实验原理

稀溶液具有依数性：在溶液浓度很稀时，确定了溶剂的种类和数量后，溶剂的某些性质仅仅取决于所含溶质分子的数量而与溶质的性质无关。凝固点降低是依数性的一种表现。固体溶剂与溶液成平衡时的温度称为溶液的凝固点。当稀溶液凝固析出纯固体溶剂时，则溶液的凝固点低于纯溶剂的凝固点，其降低值与溶液的质量摩尔浓度成正比。即：

$$\Delta T_f=T_f^*-T_f=K_f\cdot b_B \tag{2-5-1}$$

式中，T_f^*为纯溶剂的凝固点，T_f为溶液的凝固点，b_B为溶液中溶质 B 的质量摩尔浓度，K_f为溶剂的凝固点降低常数，它决定于溶剂的性质，而与溶质的性质无关。

若称取一定量的溶质 W_B 和溶剂 W_A，配成稀溶液，则此溶液的质量摩尔浓度为：

$$b_B = \frac{W_B}{M_B W_A} \qquad (2\text{-}5\text{-}2)$$

式中，M_B 为溶质 B 的摩尔质量。将式（2-5-2）代入式（2-5-1），整理得：

$$M_B = K_f \cdot \frac{W_B}{\Delta T_f W_A} \qquad (2\text{-}5\text{-}3)$$

若已知某溶剂的凝固点降低常数 K_f 值，通过实验测定此溶液的凝固点降低值 ΔT_f，利用（2-5-3）式即可计算溶质的摩尔质量 M_B。当溶液浓度稍高时已不能看作稀溶液，致使测得的摩尔质量随浓度的不同而变化，为了获得比较准确的摩尔质量数据，常采用外推法，即以式（2-5-3）中计算得到的摩尔质量为纵坐标，以溶液浓度为横坐标作图，外推至浓度为零而求得较准确的摩尔质量数值。

凝固点降低值的多少直接反映了溶液中溶质的质点数目。溶质在溶液中常常存在解离、缔合、溶剂化和生成络合物等现象，这些情况都会引起溶质在溶剂中的表观摩尔质量发生变化。显然，溶液凝固点降低法可用于溶液热力学性质的研究，例如电解质的电离度、溶质的缔合度、溶剂的渗透系数和活度系数等。

公式（2-5-1）中 K_f 为常数（可查表得到），W_B 由分析天平准确称量，W_A 可用移液管量取体积，查液体的密度再计算求得。由此可知求溶质摩尔质量的关键是准确测量 ΔT_f 值，本实验是借助精密数字温度温差仪，采用冷却法来测定纯溶剂的凝固点 T_f^* 及溶液的凝固点 T_f，再计算其差值 ΔT_f。

图 2-5-1 是纯溶剂和溶液的冷却曲线图。曲线（1）为纯溶剂的理想冷却曲线，从 a 点处液体无限缓慢地冷却，达到 b 点时，开始析出纯溶剂的固体；在析出固相过程中温度不再变化，曲线上出现一段平台 bc，此时液体和固体平衡共存；如果继续冷却，全部液相纯溶剂将凝结成固相，温度再下降。在纯溶剂的冷却曲线上，这个不随时间而变的平台相对应的温度 T_f^* 称为该纯溶剂的凝固点。

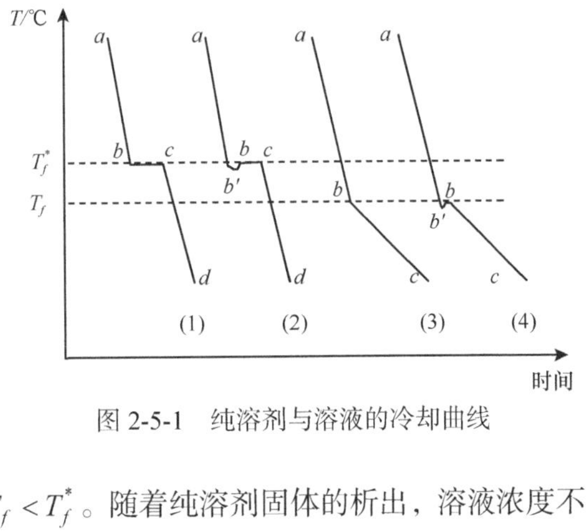

图 2-5-1 纯溶剂与溶液的冷却曲线

曲线（2）是实验条件下纯溶剂的冷却曲线。因为实验做不到无限慢地冷却，而是较快速地强制冷却，在温度降到 T_f^* 时不凝固，出现过冷现象。一旦固相出现，温度又回升而出现平台。

曲线（3）是溶液的理想冷却曲线。与曲线（1）不同，当温度由 a 处冷却，达到 T_f 时，溶液中才开始析出纯溶剂的固体，此时 $T_f < T_f^*$。随着纯溶剂固体的析出，溶液浓度不断增大，溶液的凝固点也不断下降，于是 bc 并不是一段平台，而是一段缓慢下降的斜线。因此，溶液的凝固点是指刚有纯溶剂固体析出（即 b 点）的温度 T_f。

曲线（4）是实验条件下的溶液冷却曲线，可以看出，适当的过冷使溶液凝固点的观察变得容易（温度降到 T_f 以下 b' 点又回升的最高点 b）。

当冷冻剂的温度低于凝固点温度 3℃以上时，过冷现象将变得十分严重，纯溶剂和溶液的冷却曲线将分别如图 2-5-2 中的曲线（1）和曲线（2）所示。在这种情况下，应

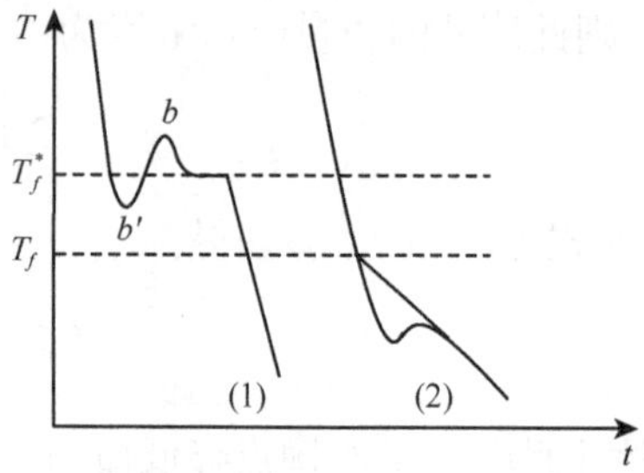

图 2-5-2　外推法确定纯溶剂和溶液的凝固点

通过外推法求得凝固点温度：对纯溶剂冷却曲线（1），T_f^* 应以平台段温度为准；对溶液冷却曲线（2），可以将固相的冷却曲线向上外推至液相段相交，并以此交点温度作为凝固点 T_f。

本实验以环己烷作溶剂，萘作溶质，用连续记录时间-温度法（步冷曲线法）作图外推确定凝固点。实验所使用的 SWC-LGD 凝固点测定装置见图 2-5-3，该实验装置将冰点仪、温度温差仪、磁力搅拌器等集成为一体，可实现准确测量。

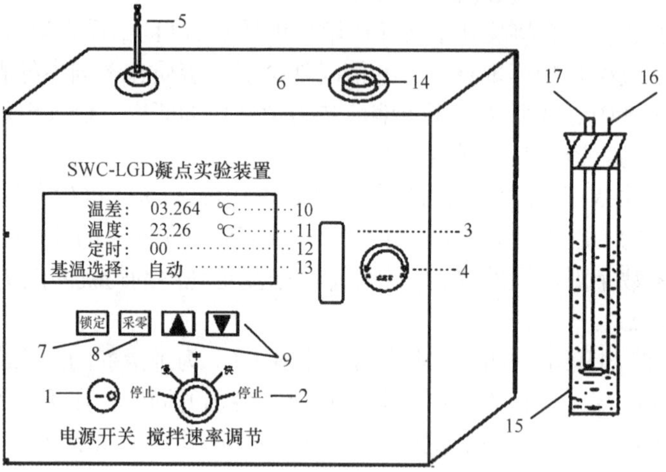

图 2-5-3　凝固点测定仪装置图

1—电源开关；2—搅拌速率调节旋钮；3—样品观察窗；4—观察窗启闭旋钮；5—搅拌器导杆；6—样品管插口；7—基温锁定键；8—温度采零键；9—定时键；10—温差显示；11—温度显示；12—定时显示；13—基温选择；14—恒温空气夹套；15—样品管；16—搅拌棒；17—温度传感器

其中部分按键功能如下。

7—锁定键：锁定选择的温差比较基准温度（简称基温）。按下此键，采零和基温自动选择均不起作用，基温选择为锁定状态。

8—采零键：用以消除仪表当时的温差值，使温差值显示“0.000”，按下采零键时的实际温度就是基温。

9—定时键：设定时间 0～99 秒增减键。

10—温差显示：显示温差值，温差测量范围±19.999℃。温差值系指实际温度与基温的差值。

11—温度显示：显示传感器测得的实际温度值。

12—定时显示：显示设定的时间间隔。

13—基温选择：显示基温选择状态。在高精度测量温差的状态下，仪器不可能在全部温度范围内以这样高的精度显示绝对温度值，正如同无法在一根−20～100℃的温度计上刻线至 0.001℃一样。仪器内置有一系列温差比较基准温度，分别为−20℃、0℃、20℃、40℃…“自动”状态表示仪器自动选择最接近实际温度的那个温差比较基准温度，并将两者的差值显示为温差数据，比如实际温度为 15.36℃，则温差比较基准温度自动选择为 20℃（注意：不是 0℃），温差显示为−4.635℃。“锁定”状态表示将仪器当前选择的基温固定并且不再改变，在全部温度测量范围内均采用这个基温作为温差比较基准温度，此时基温自动选择功能和采零功能均失效。

四、仪器与试剂

仪器：SWC-LGD 凝固点测定仪及附件（南京桑力电子设备厂），采样计算机系统，25ml 移液管，电子天平，低温恒温槽。

试剂：环己烷（分析纯），萘（分析纯）。

五、实验步骤

1. 检查电源、温度传感器接口和数据传输线串行口是否正确连接。开启低温恒温槽电源，调节温度为 4.0℃左右。启动冷却剂循环泵，使冷却剂循环进入实验装置的恒温空气夹套中。

2. 用移液管准确吸取 50ml 环己烷，加入样品管，注意不要使环己烷溅在管壁上。将样品管盖和搅拌棒在样品管上装配好，一起小心地放入恒温空气夹套中（不要用力塞，以免挤碎玻璃磨口）。

3. 连接搅拌器导杆和搅拌棒：先将搅拌器横向连杆的挂钩钩住搅拌棒上端的圆环，略微提起搅拌棒，再将横向连杆的尾端圆孔套入搅拌器导杆至导杆的凹槽处（上、下凹槽皆可），适当拧紧紧固螺丝使横向连杆能水平转动而不滑落。转动样品管盖到合适位置，使搅拌棒上下运行的阻力最小。

4. 将温度传感器放入样品管中，通过观察窗观察温度传感器在样品中的浸没深度，调节橡胶密封圈的高低，使温度传感器顶部离样品管底部 5～10mm，且处于与样品管管壁平行的中心位置和搅拌棒的底部圆环内。

5. 开启凝固点实验装置电源，将搅拌速率调节旋钮先旋转至“慢”，观察搅拌动作是否顺畅，搅拌棒有无歪斜及剧烈摩擦等不良情况。如无不良情况，停止搅拌，拧紧横向连杆的紧固螺丝。在计算机上点开“凝固点实验数据采集处理系统”软件界面，点击“设置-通讯口-COM1”设定数据通讯通道，点击“设置-设置坐标系”设定合适的温度—时间坐标值（纵坐标 T 范围 4～8℃，横坐标时间 90 分钟）。

6. 当样品温度降低到 9.5℃以下后，按“锁定”键，使基温选择由“自动”变为“锁定”，基温固定为 0℃。

7. 点击“数据通讯-清屏-开始通讯”，计算机开始实时采集温度—时间变化曲线（通讯指示灯闪烁）。观察冷却曲线，温差值可先下降至过冷温度后再升高，此时温差显示值应稳定不变，此即为纯溶剂环己烷的凝固点温度。但是，由于种种原因造成溶剂不纯，温差显示值会缓慢变小，保持慢速搅拌，持续记录温差—时间曲线，直至样品开始结晶后 60 分钟。在此期间要注意观察搅拌连杆的运动状况，防止大块结晶导致连杆脱落卡死，如有这些情况发生应立即停止搅拌，松开连杆，手动上下拉动搅拌棒将大块结晶弄碎，然后继续进行实验。实验结束后，将“搅拌速率调节”旋钮拨至“停”，点击“数据通讯-停止通讯”，保存实验数据（用*.NGD 和*.XLS 两种文件格式分别保存）。

8. 松开横向连杆紧固螺丝，取出样品管，使样品自然升温融化，注意不要将温度传感器从样品管中拔出。将样品管放入恒温空气夹套中并连接好搅拌系统，调节搅拌速率至“慢”，重复上述过程。

9. 松开横向连杆紧固螺丝，取出样品管，用手捂热，使管内固体完全融化。准确称取0.2～0.3g萘，投入样品管中，待其完全溶解后（注意管壁、搅拌棒和温度传感器上黏附的粉末），将样品管放入恒温空气夹套中并连接好搅拌系统，低温冷却剂温度适当调节到1～2℃。调节搅拌速率置“慢”。当实际温度显示为小于8℃以后，搅拌速度调节至“中”，记录温差—时间曲线，直至过冷结束后10分钟。由冷却曲线依次获得该溶液的凝固点温度。重复3次。松开横向连杆紧固螺丝，取出样品管，用手捂热，使管内固体完全融化，溶液倒入废液缸中回收。将样品管、搅拌棒和温度传感器清洗干净。

六、注意事项

1. 放入温度传感器的动作要缓慢，同时观察其顶部位置，防止顶破样品管。

2. 实验所用的内套管外壁必须洁净、干燥。然后再插入已经冷却的外套管。

3. 最好用压片或整块的样品，如用粉状物，要防止粘在冷冻管壁上。

4. 自实验步骤6开始的以下各实验步骤直至整个实验结束，基温选择均必须保持“锁定”状态，不得采零和重置基温。

5. 未经教师允许，不得将搅拌速率调节旋钮拨至“快”档，以免损坏横向连杆和击碎样品管。

七、数据记录和处理

1. 用ρ（kg/m^3）$=0.7971-0.8879\times10^{-3}t/℃$计算室温时环己烷密度，然后算出所取环己烷的质量。

2. 根据实验数据做时间-温度图，通过外推确定T_f^*及T_f，用ΔT_f值来计算萘的摩尔质量，并将实验数据列入表2-5-1。已知纯环己烷的凝固点T_f^*=279.69K，K_f=20.20（$K\cdot kg\cdot mol^{-1}$）。

3. 将实验值与文献值比较，分析误差原因。已知萘的摩尔质量文献值为128.171（$g\cdot mol^{-1}$）。

表 2-5-1　实验数据

室温：________　　大气压：________

<table>
<tr><th rowspan="3">物质</th><th rowspan="3">质量</th><th colspan="3">凝固点</th><th rowspan="3">凝固点降低值</th><th rowspan="3">萘的摩尔质量</th><th rowspan="3">误差</th></tr>
<tr><th colspan="2" rowspan="2">测量值</th><th rowspan="2">平均值</th></tr>
<tr></tr>
<tr><td rowspan="3">环己烷</td><td></td><td>1</td><td></td><td rowspan="3"></td><td rowspan="3"></td><td rowspan="6"></td><td rowspan="6"></td></tr>
<tr><td></td><td>2</td><td></td></tr>
<tr><td></td><td>3</td><td></td></tr>
<tr><td rowspan="3">萘</td><td></td><td>1</td><td></td><td rowspan="3"></td><td rowspan="3"></td></tr>
<tr><td></td><td>2</td><td></td></tr>
<tr><td></td><td>3</td><td></td></tr>
</table>

八、思考与讨论

1. 影响ΔT_f的测定的因素有哪些?

2. 当溶质在溶液中有离解、缔合和生成络合物的情况时，对摩尔质量的测定值有何影响?

3. 凝固点降低法测摩尔质量的公式在什么条件下才能适用? 为了提高实验的准确度，是否可以用增加溶质浓度的办法来增加ΔT值?

实验6 完全互溶双液系沸点-组成图的绘制

一、实验目的

1. 掌握回流冷凝法测定气-液平衡组成的方法。
2. 绘制环己烷-乙醇双液系的沸点-组成图。
3. 掌握阿贝折射仪的使用方法。

二、预习要求

1. 明确完全互溶双液系沸点与组成的关系。
2. 了解回流冷凝法测定气液平衡组成的实验原理和操作要点。
3. 阅读附录，了解阿贝折射仪的使用方法。

三、实验原理

在常温下，任意两种液体混合组成的二组分系统称为双液体系。若两液体能按任意比例相互溶解，则称完全互溶双液体系；若只能部分互溶，则称部分互溶双液体系。

液体的沸点是指液体的蒸气压与外界大气压相等时的温度。在一定的外压下，纯液体有确定的沸点。而双液体系的沸点不仅与外压有关，还与双液体系的组成有关。在恒压下，完全互溶双液系的沸点与组成的关系有下列3种情况。

（1）液体与拉乌尔定律的偏差不大，溶液的沸点介于两纯组分沸点之间，如图2-6-1（a）所示。苯-甲苯体系就属于这种类型。

（2）两组分混合后与拉乌尔定律有较大负偏差，在 *T-x* 图上出现最高点，如图2-6-1（b）所示。属于这种类型的体系有丙酮-氯仿、盐酸-水等。

（3）两组分混合后与拉乌尔定律有较大正偏差，在 *T-x* 图上出现最低点，如图2-6-1（c）所示。水-乙醇、苯-乙醇、环己烷-乙醇等体系就属于此类。

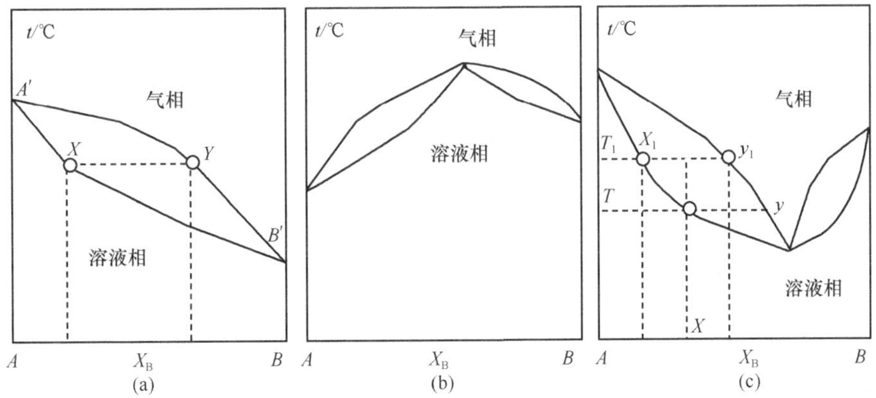

图2-6-1 完全互溶双液系的 *T-x* 图

（a）液体与拉乌尔定律偏差不大；（b）两组分混合后与位乌尔定律有较大负偏差；（c）两组分混合后与拉乌尔定律有较大正偏差

本实验采用回流冷凝法测定不同浓度的环己烷-乙醇溶液的沸点以及气、液两相的平衡组成，从而绘制沸点-组成图（*T-x* 图）。

由相律可知，对于双液系在恒压下气-液两相共存区域中，自由度为1。当温度一定时，气-液两相的相对组成也就有了确定值。根据杠杆原理，两相的相对量也确定了。因此实验测定一系列不同组成的双液系溶液的气-液相平衡时的沸点及此时气相和液相的组成，即可

得 T-x 图。双液系气-液平衡相图实验主体上包括一系列混合体系的沸点测定和气-液相组成分析两个主要内容。

体系的沸点可用沸点仪进行测定的，其装置示意图见图 2-6-2。采用电热丝直接加热溶液，以防止过热现象，同时该沸点仪用平衡蒸馏法分离气液两相，具有便于取样分析及避免分馏等优点。

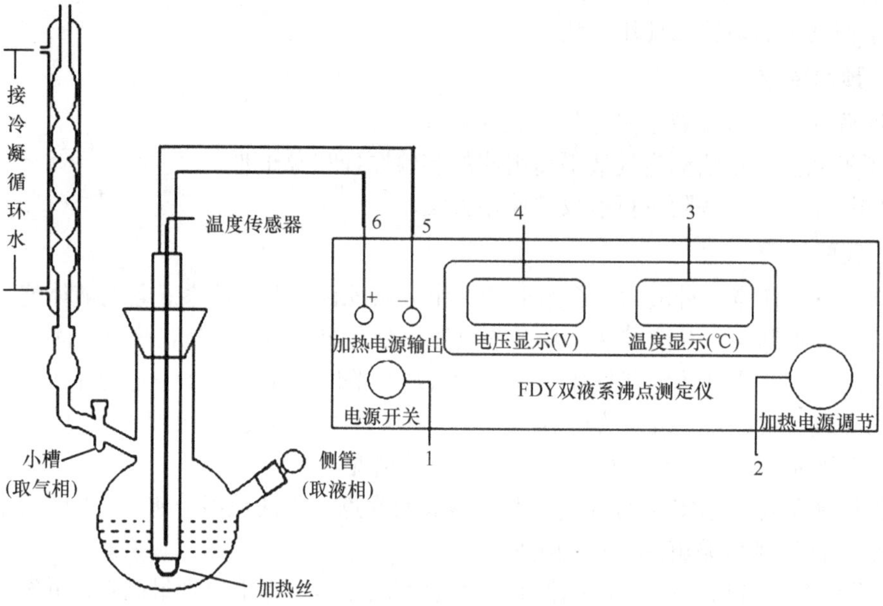

图 2-6-2　实验装置示意图

1—电源开关；2—加热电源调节；3—温度显示窗口；4—电压显示窗口；5—负极接线柱；6—正极接线柱

体系的气液相组成的分析是相图绘制的另一核心，可以根据待测体系的理化性质寻找多种合适的分析方法。由于环己烷和乙醇两者的折射率相差较大，因此本实验可采用测定溶液折射率的方法来确定两组分的组成。用阿贝折射仪测定两组分组成的折射率，绘制折射率对组成的工作曲线，根据测得液体样品的折射率，从工作曲线上可查得两相的组成。阿贝折射仪的构造及使用方法见本实验附录。

四、仪器与试剂

仪器：FDY 双液系沸点仪、阿贝折射仪、超级恒温槽、1/10 刻度温度计、移液管（25ml、10ml、5ml）、具塞锥形瓶（25ml）、长滴管（干燥）。

试剂：环己烷（AR 级）、乙醇（AR 级）、丙酮（AR 级）。

五、实验步骤

1. 调节连接阿贝折射仪的超级恒温槽温度为 25°C，启动恒温水循环，使各台阿贝折射仪的样品台保持恒温。

2. 环己烷-乙醇溶液的组成—折射率工作曲线的测定

按表 2-6-1 比例准确配制不同体积分数的环己烷-乙醇标准溶液。配好后盖紧瓶塞并摇匀，迅速用阿贝折射仪测定各溶液的折射率，并用刻度温度计测定溶液温度。测定工作曲线要点：随配随测，充分混匀。

表 2-6-1 标准溶液配制比例

样品组成	1	2	3	4	5	6
环己烷/ml	0	1	2	3	4	5
乙醇/ml	5	4	3	2	1	0

3. 测定环已烷的沸点 将干燥的沸点仪按图 2-6-2 安装好，温度传感器勿与加热丝相碰。接通冷凝水。量取 25ml 环已烷从加液口加入蒸馏瓶内，并使传感器和加热丝浸入溶液中。打开电源开关，调节“加热电源调节”旋钮（电压为 12V 即可），将液体加热至缓慢沸腾。因最初在冷凝管下端小槽内的液体不能代表平衡时的气相组成，故须连同支架一起倾斜蒸馏瓶，使小槽中的气相冷凝液倾回蒸馏瓶内，重复 2～3 次（注意：加热时间不宜太长，以免物质挥发），待温度稳定后记下环已烷的沸点和室内大气压。

4. 停止加热，通过加液口加入 1ml 乙醇于蒸馏瓶中以改变液体组成，重新加热至缓慢沸腾，待温度变化缓慢时，同上法倾倒 2～3 次，当温度基本不变时记下沸点，停止加热。用两支干净的滴管分别取出几滴气相、液相样品，迅速测其折射率。测定折射率的要点：先测气相样后测液相样。

5. 再依次加入 2ml、4ml、5ml、7ml 乙醇，按上述方法测定溶液的沸点及平衡时气相、液相的折射率。

6. 完成上述实验后，关闭电源，回收母液，再用电吹风吹干沸点仪。之后向蒸馏瓶内加入 25ml 乙醇，按步骤 3 测其沸点，再依次加入 1ml、3ml、5ml、7ml、7ml 环已烷，每次加完后混合均匀，按步骤 4 分别测其沸点及气、液两相的折射率。

7. 实验结束后，关闭仪器开关和冷凝水，将溶液倒入回收瓶。

六、注意事项

1. 阿贝折射仪使用前须对零点进行校正，每次测量前需用丙酮洗涤棱镜，防止上次测定的样品残留对下一次测量的影响。每个样品重复测定 3 次。

2. 蒸馏瓶内液面不可过高，加热功率不能太大，加热丝上有小气泡逸出即可，以免液沫进入收集气相样品的小槽中。

3. 加热丝一定要被待测液体浸没，否则通电加热时可能会引起有机液体燃烧。温度传感器不要直接碰到加热丝。

4. 一定要使体系达到平衡，即温度读数稳定后再取样。只有在停止通电加热后才能取样分析。

5. 阿贝折射仪的明暗分界线从上和从下趋向十字交点，其数值常不一致，可取两者的平均值；或所有测定，连同校准都从一个方向趋向十字交点，即可消除此项误差。

6. 由于气相样品（冷凝液）挥发性大，量少，蒸发面大，只有在停止加热后迅速取样测定，才能保证气相组成的正确性。至于液相，因为量多，挥发性小，很少发生不正常情况，故可从容测定。

七、数据记录与处理

1. 按表 2-6-2～表 2-6-4 记录实验数据。

表 2-6-2 标准溶液的折射率

物质	环已烷	乙醇	环已烷：乙醇（体积比）
折射率			

表 2-6-3　25ml 环己烷中加入乙醇的折射率及气液相组成

25ml 环己烷中加入乙醇的量/ml	1	2	4	5	7
沸点					
气相折射率					
气相组成					
液相折射率					
液相组成					

表 2-6-4　25ml 乙醇中加入环己烷的折射率及气液相组成

25ml 乙醇中加入环己烷的量/ml	1	3	5	7	7
沸点					
气相折射率					
气相组成					
液相折射率					
液相组成					

2. 计算出各标准溶液的质量百分比组成（从附表中查出测定温度下环己烷和乙醇的密度），绘制折射率-组成图即工作曲线。

3. 利用内插法，在工作曲线上找出各折射率相应的组成。

4. 将沸点以及气、液两相的折射率、组成等数据列表。

5. 绘制环己烷-乙醇体系的沸点-组成图。作图时，气、液相的实验点应当用不同的标记标出。

6. 由沸点-组成图求出最低恒沸点及恒沸混合物的组成。

八、思考与讨论

1. 绘制工作曲线的目的是什么？
2. 每次加入蒸馏瓶中的乙醇及环己烷的量是否应按记录表精确计量？
3. 沸点仪中收集气相冷凝液的小槽体积大小对实验结果有何影响？
4. 实验测得的沸点与标准大气压下沸点是否一致？

附录　折射率和阿贝折射仪

一、阿贝折射仪的原理

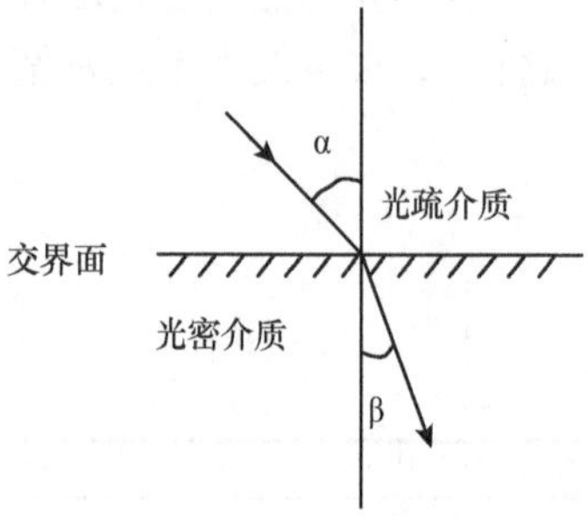

附图 2-6-1　折射原理图

光线从一种介质（如空气）射到另一种介质（如水）时，除了一部分光线反射回第一种介质外，另一部分进入第二种介质中并改变它的传播方向，这种现象叫光的折射，如附图 2-6-1。光的折射遵守以下定律：无论入射角怎样改变，入射角正弦与折射角正弦之比，恒等于光在两种介质中的传播速度之比，即：

$$\frac{\sin\alpha}{\sin\beta}=\frac{v_1}{v_2}$$

光在真空中的速度和在介质中的速度之比，叫做介质的绝对折射率，简称折射率（折光率），以 n 表示，即：

$$n=\frac{c}{v}$$

因此：

$$n_1=\frac{c}{v_1} \qquad n_2=\frac{c}{v_2} \qquad \frac{\sin\alpha}{\sin\beta}=\frac{n_2}{n_1}$$

由此可知，当光线由光密物质进入光疏物质时，折射角将大于入射角，反之亦然。当入射角增大到某一角度，如附图 2-6-2 中 4 的位置时，其折射线 4′ 恰好与 OM 重合，此时折射线不再进入光疏介质而是沿两介质的接界面 OM 平行射出，这种现象称为全反射，发生全反射的入射角称为临界角，即图中的 $\alpha_{临}$ 角。

将上述光路逆转过来，可以发现，当光线由光疏物质进入光密物质时，若入射角小于 90°，则折射角均将小于临界角，折射的结果是 OU 面左面明亮，右面完全黑暗，形成明显的黑白分界。测出临界角 $\alpha_{临}$，可以得到：

$$n_1=n_2\sin\alpha_{临}$$

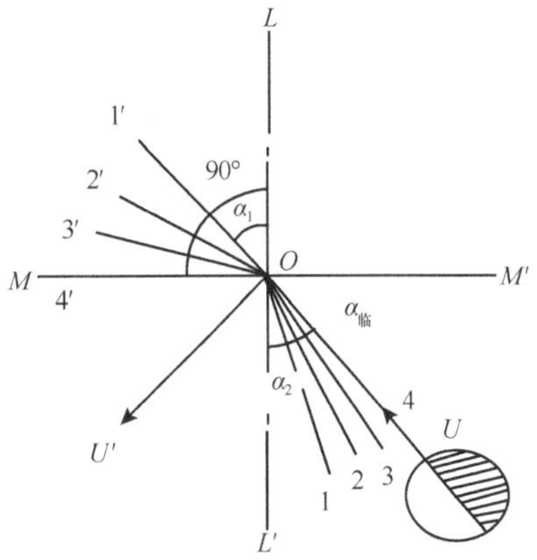

附图 2-6-2 全反射原理图

若 n_2 为棱镜的折射率且已知，则测定临界角后就可以得到样品的折射率 n_1。阿贝折射仪正是根据这个原理设计的，它是测量物质折射率的专用仪器，能快速而准确地测出透明、半透明液体或固体材料的折射率（测量范围一般为 1.4～1.7）；它还可以与恒温、测温装置连用，测定折射率与温度的变化关系。

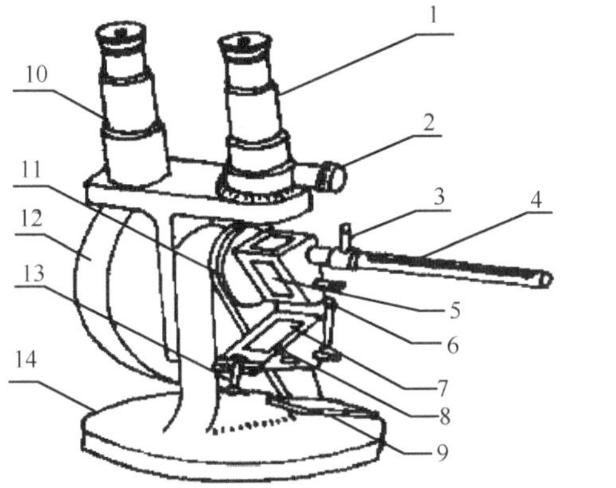

附图 2-6-3 阿贝折射仪构造示意图

1—测量望远镜；2—消色散手柄；3—恒温水出口；4—温度计；5—测量棱镜；6—铰链；7—辅助棱镜；8—加液槽；9—反射镜；10—读数望远镜；11—转轴；12—刻度盘罩；13—锁钮；14—底座

阿贝折射仪的光学系统由望远系统和读数系统组成，其构造和光路图分别见附图 2-6-3 和附图 2-6-4 所示。

望远系统。进光棱镜与折射棱镜之间有一微小均匀的间隙，被测液体就放在此空隙内。当光线（太阳光或日光灯）射入进光棱镜时便在磨砂面上产生漫反射，使被测液层内有各种不同角度的入射光，经折射棱镜产生一束折射角均大于出射角度 i 的光线。由摆动反射镜将此束光线射入消色散棱镜组，此消色散棱镜组是由一对等色散阿米西棱镜组成，其作用是可获得一可变色散来抵消由于折射棱镜对不同被测物体所产生的色散。再由望远镜将此明暗分界线成像于分划板上，分划板上有十字分划线，通过目镜能看到如附图 2-6-5 所示的成像。

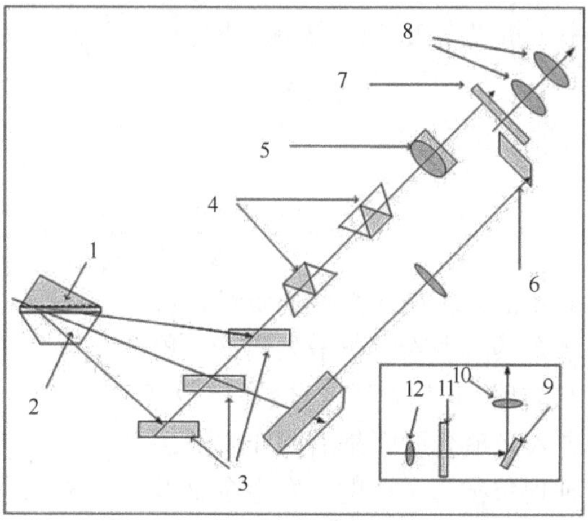

附图 2-6-4　望远系统和读数系统光路图

1—进光棱镜；2—折射棱镜；3—摆动反光镜；4—消色散棱镜组；5—望远物镜组；6—平行棱镜；7—分划板；8—目镜；9—读数物镜；10—反光镜；11—刻度盘；12—聚光镜

读数系统。光线经聚光镜照明刻度板（刻度板与摆动反射镜连成一体，同时绕刻度中心做回转运动）。通过反射镜，读数物镜，平行棱镜将刻度板上不同部位折射率示值成像于分划板上（附图 2-6-5）。读数镜视场中右边为液体折射率刻度（从 1.3000 至 1.7000），左边为蔗糖溶液质量分数（锤度 Brix，0～95%，刻度）。

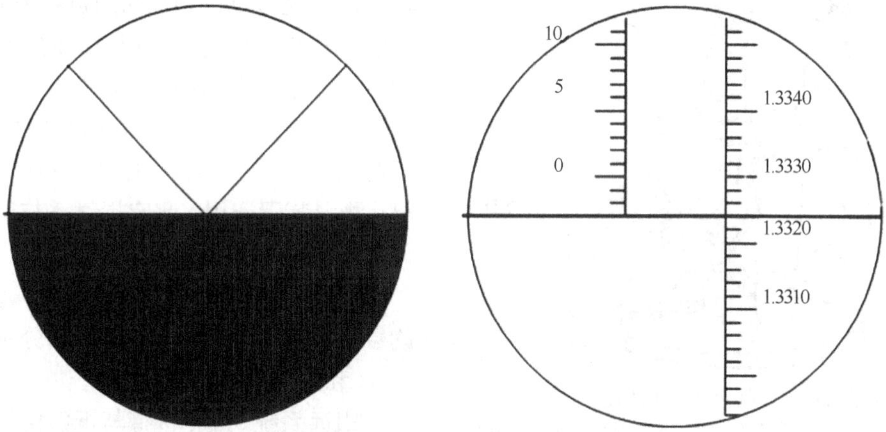

附图 2-6-5　阿贝折射仪的目镜成像和读数镜视场

二、阿贝折射仪的使用方法

1. 仪器的安装　将折射仪置于靠窗的桌子或白炽灯前。但勿使仪器置于直照的日光中，以避免液体试样迅速蒸发。用橡皮管将测量棱镜和辅助棱镜上保温夹套的进水口与超级恒温槽串联起来，恒温温度以折光仪上的温度计读数为准。

2. 加样　松开锁钮，开启辅助棱镜，使其磨砂的斜面处于水平位置，用滴管滴加少量丙酮清洗镜面，促使难挥发的沾污物溢走，用滴管时注意勿使管尖碰撞镜面。必要时可用擦镜纸轻轻吸干镜面，但切勿用滤纸。待镜面干燥后，滴加数滴试样于辅助棱镜的毛镜面上，闭合辅助棱镜，旋紧锁钮。若试样易挥发，则可在两棱镜接近闭合时从加液小槽中加入，然后闭合两棱镜，锁紧锁钮。

3. 对光 转动手柄，使刻度盘标尺上的示值为最小，于是调节反射镜，使入射光进入棱镜组，同时从测量望远镜中观察，使视场最亮。调节目镜，使视场准丝最清晰。

4. 粗调 转动手柄，使刻度盘标尺上的示值逐渐增大，直至观察到视场中出现彩色光带或黑白临界线为止。

5. 消色散 转动消色散手柄，使视场内呈现一个清晰的明暗临界线。

6. 精调 转动手柄，使临界线正好处在“X”形准丝交点上，若此时又呈微色散，必须重调消色散手柄，使临界线明暗清晰（调节过程在目镜看到的图像颜色变化如附图 2-6-6）。

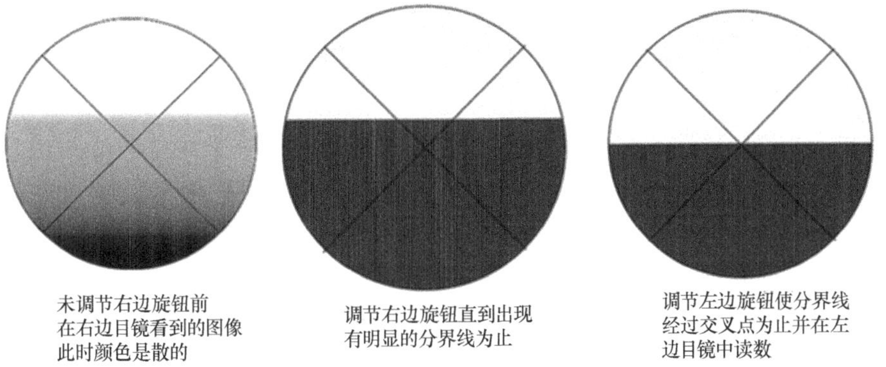

附图 2-6-6 调节目镜图像

7. 读数 由于眼睛在判断临界线是否处于准丝点交点上时，容易疲劳，为减少偶然误差，应转动手柄，重复测定 3 次，3 个读数相差不能大于 0.0002，然后取其平均值。试样的成分对折光率的影响是极其灵敏的，由于沾污或试样中易挥发组分的蒸发，致使试样组分发生微小的改变，会导致读数不准，因此测一个试样应重复取 3 次样，测定这 3 个样品的数据，再取其平均值。

8. 仪器校正 折射仪上的刻度是在标准温度 20℃下刻制的，所以最好在 20℃下测定折射率。否则，应对测定结果进行温度校正。纯水的折射率在 15～30℃的温度系数为 −0.0001/℃，即在 10～30℃范围内，水溶液的折射率温度校正公式为：

$$n^{20} = n^t + 0.0001 \times (t / ℃ - 20)$$

有机溶液的折射率温度校正公式为：

$$n^{20} = n^t + 0.00038 \times (t / ℃ - 20)$$

由此可见，只有严格控制测定温度，才能准确测定物质的折射率。一般来说，如果要求折射率的准确度为 0.002，则温度波动应小于±3℃；如果要求折射率的准确度为 0.0001，则温度波动应小于±0.2℃；如果要求折射率的准确度为 0.000 01，则温度波动应小于±0.02℃。当温度低于 10℃或高于 30℃时，不能用上述校正公式进行换算，而须通入恒温水，使样品达到规定温度后，再测定折射率。

折射仪的刻度盘上的标尺的零点有时会发生移动，须加以校正。校正的方法是用一种已知折射率的标准液体，一般是用纯水，按上述方法进行测定，将平均值与标准值比较，其差值即为校正值。在精密的测定工作中，须在所测范围内用几种不同折射率的标准液体进行校正，并画成校正曲线。以供测试时对照校核。也可以直接校正仪器，校正时若读数有偏差，可先使读数指示于蒸馏水或标准样品的折射率值，再调节分界线调节旋钮，直至明暗分界线恰好通过十字交叉点。在以后的测定过程中，不许再动分界线调节旋钮。

实验 7 二组分金属相图的绘制

一、实验目的

1. 用热分析法（步冷曲线法）测相变点，绘制 Bi-Sn 二组分金属相图。
2. 明确纯物质与二组合混合物步冷曲线形状的异同。

二、预习要求

1. 了解纯物质与二组合混合物步冷曲线的形状特征。
2. 了解 PID 温度控制技术和热电阻的使用。

三、实验原理

热分析法是绘制相图的基本方法之一。它是利用金属及合金在加热和冷却过程中发生相变时，潜热的释出或吸收及热容的突变，来得到金属或合金中相转变温度的方法。

在定压下将体系从高温逐渐冷却，做温度对时间的变化曲线，即为步冷曲线。体系若有相变，必定伴随着热效应，即步冷曲线中会出现转折点。从步冷曲线有无转折点就可以知道有无相变。测定一系列质量百分比含量不同的样品的步冷曲线图，从步冷曲线图上找出各相应体系发生相变的温度，就可以绘出被测体系的金属相图。

图 2-7-1（a）是典型的二元简单低共熔物相图。图中 *A*、*B* 表示二个组分的名称，纵轴是温度 *T*，横轴是组分 *B* 的百分含量 *B*%。在 *acb* 线的上方，系统只有一个相（液相）存在；在 *ecf* 线以下，系统有两个相（固相 *A* 和固相 *B*）存在；在 *ace* 所包围的区域内，一个固相（固体 *A*）和一个液相（*A* 在 *B* 中的饱和熔化物）共存；在 *bcf* 所包围的区域内，一个固相（固体 *B*）和一个液相（*B* 在 *A* 中的饱和熔化物）共存。*c* 点有三相（互不相溶的固体 *A* 和固体 *B*，以及 *A*、*B* 的饱和熔化物液相）共存，根据相律，在压力确定的情况下，三相共存时系统的自由度为零，即三相共存的温度为一定值，在相图上表现为一条通过 *c* 点的水平线，处于这个平衡状态下的系统温度 T_c、系统组成 *A*、*B* 和 *B*（*c*）%均不可改变，T_c 和 *B*（*c*）%构成的这一点称为低共熔点。

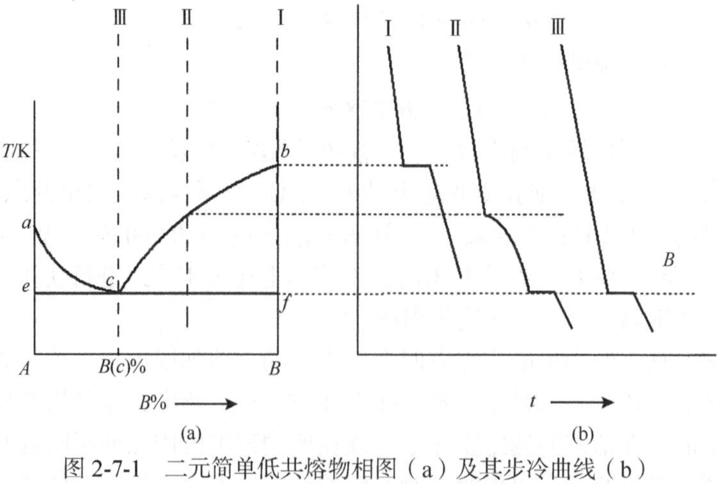

图 2-7-1 二元简单低共熔物相图（a）及其步冷曲线（b）

热分析法是绘制相图的常用实验方法，将系统加热熔融成一个均匀的液相，然后让系统缓慢冷却，以系统温度对时间作图得到一条曲线，称为步冷曲线或冷却曲线。曲线的转折点表征了某一温度下发生相变的信息，由系统组成和相变点温度可以确定相图上的一个点，多个实验点的合理连接就形成了相图上的相线，并构成若干相区。图 2-7-1（b）是与相图对应的不同组成系统的步冷曲线。

本实验中用来测定步冷曲线的装置如图 2-7-1，主要由 3 部分组成，数字控温仪、可控升降温电炉和数据采集计算机系统。实验配套的样品管是不锈钢管。金属颗粒置于样品管底部，摇匀，上面覆盖一薄层石墨粉，以防止加热过程中金属氧化。插入温度计套管并盖紧盖子，记录样品管编号及内装样品的组成比例。新配制的样品必须经预先熔融混合均匀后，方能进行实验测定。

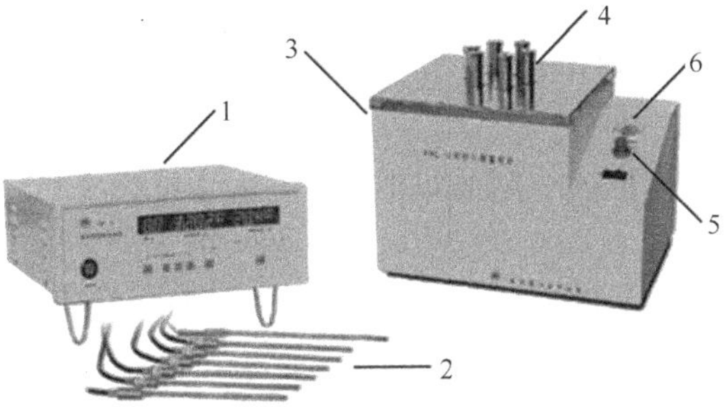

图 2-7-1　金属相图测定实验装置图

1—数字控温仪；2—温度传感器；3—可控升降温电炉；4—样品熔融炉管（插样品管）；5—降温风扇功率控制旋钮；6—风扇功率显示窗口

四、仪器与试剂

仪器：数字控温仪（南京桑力电子设备厂）、可控升降温电炉、热电阻温度传感器、配套软件、样品管。

试剂：铋（化学纯）、锡（化学纯）。

五、实验步骤

1. 将锡的质量分数分别为 0.2、0.42、0.6、0.8 的锡铋混合物样品及纯锡和纯铋各 80g 分装在 6 支试管中。按使用说明书将温控仪与可控升降温电炉进行连接。将装有样品的试管和温度传感器插入 6 孔炉膛内。此工作可由指导教师完成。

2. 打开数字控温仪电源开关，仪表显示初始状态，按“工作/置数”键，“置数”灯亮，依次按键设置温度显示的百、十、个位和小数点位的数字，每按动一次，显示数码按 0 ～ 9 依次递增，直至调整到所需设定的温度值（本实验为 300℃），此时系统不加热。再按“工作/置数”键，“工作”灯亮，系统开始升温。打开电炉电源开关开始加热。

3. 启动数据采集计算机系统“金属相图数据处理系统”，点击“设置 – 通讯口”选择串行口，点击“设置 – 设置坐标系”根据实际需要设置坐标系。将样品信息填写在软件界面相应的方框内。

4. 当温度显示达到所设定的温度并稳定一段时间，试管内样品完全熔化后，点击“工作/置数”键“置数”灯亮，调节“冷风量调节”旋钮，使之降温，降温速率一般为 5～8（$℃ \cdot min^{-1}$）为佳。

5. 点击金属相图数据处理系统软件界面上的“数据通讯–清屏–开始通讯”，系统开始采集样品步冷曲线。步冷曲线绘制过程中不要再调节“冷风量调节”旋钮。曲线绘制完成后，在曲线上找出发生相变的温度（用鼠标点击该点，在“显示坐标”中显示），然后通过拷屏预先保存成 word 格式。

6. 测量完成后，点击“数据通讯–停止通讯”，将文件以“*.BLX”和“*.TXT”形式保存。测量完成的样品管取出后放置在样品架上，将降温风扇功率控制旋钮调节至 0。

六、注意事项

1. 本实验开启电源后，电炉外表面和样品管可能处于高温状态，不得用身体各部位直接接触，以免人体烫伤和损坏衣物。

2. 实验中温度传感器必须始终与熔融炉管接触，不得拔出，否则将导致炉温失控。

3. 设定温度不能过高，一般不超过金属熔点的 30～50℃。

4. 被测体系必须时时处于非常接近相平衡的状态，体系冷却时，冷却速度必须合适。冷却速度不宜过快，以防曲线转折点不明显。

七、数据记录与处理

1. 将实验数据（*.TXT 形式）用 EXCEL 或 ORIGIN 数据软件进行处理和作图，获得步冷曲线。

2. 利用所得步冷曲线，绘制铋、锡二组分体系的相图，并注出相图中各区域的相平衡。

3. 从所得的 Sn-Bi 合金相图确定最低共熔点的温度和低共熔混合物组成。

八、思考与讨论

1. 为什么能用步冷曲线来确定相界？

2. 请从相律出发，阐明各步冷曲线的形状。

3. 各样品的步冷曲线上是否都观察到过冷现象？根据自己的实验数据分析一下过冷现象产生的规律。

4. 为什么在不同组分熔融液的步冷曲线上，最低共熔点的水平线段长度不同？

5. 试从实验方法上比较测量和绘制气–液相图和固–液相图的异同点。

实验 8　正戊醇-乙酸-水三元相图的绘制

一、实验目的

1. 用溶解度法做出具有一对共轭溶液的正戊醇-乙酸-水三元相图。

2. 掌握由三角形坐标法表示的三元相图的分析方法。

二、实验原理

萃取技术是一种重要的分离方法。在进行萃取时，具有一对共轭溶液的三元相图可以对确定萃取条件提供准确的指导。

根据相律，三组分系统的组分数为 C=3，在恒温恒压条件下，系统的自由度为：F=3–P。其中 P 为相数。当系统为均匀的单相时，自由度取最大值 F_{max}=2，即系统的独立浓度变量最多只有两个，因此可以用平面图形来表示系统的组成与状态之间的关系，称为三元相图。三元相图通常用等边三角形的方法表示，见图 2-8-1，等边三角形的三

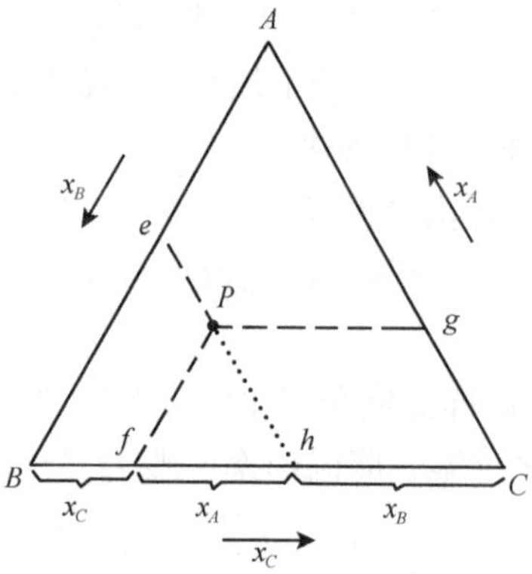

图 2-8-1　三元相图的组成表示法

个顶点各代表一纯组分（纯 A、纯 B、纯 C），三角形的三条边分别代表 A 和 B、B 和 C、C 和 A 所组成的二组分系统的组成，三角形中的任意点就表示三组分系统的组成。以 P 点为例，该点的系统组成可以这样确定：过 P 点分别作平行于等边三角形三条边的平行线，交 AB、BC、CA 于 e、f、g 点，则 $x_A = Cg$，$x_B = Ae$，$x_C = Bf$；一般仅在 BC 边上标示坐标轴，将 eP 延长交 BC 于 h，由几何关系可以得出：$x_A = fh$，$x_B = hC$，$x_C = Bf$。

等边三角形相图中的某些特殊线段对了解萃取过程和测量相图实验非常重要，见图 2-8-2，若系统开始时处于 P_0 点，即 B 和 C 的二组分系统，此时向系统中加入第三组分 A，系统点将沿着 AP_0 直线向 A 点移动，加入 A 的数量越多，系统点越靠近 A，反之亦然。这就说明，三元相图中通过某个顶点的直线表示的是加入（或除去）该顶点代表组分的过程中，系统点的移动路径。另外，根据几何关系可以确定如下关系。

（1）平行于等边三角形一边的直线上，该三角边对应顶点代表的组分的组成不变，图 2-8-2 中过 P_1 点平行于 BC 的直线上各点的 A 组分含量相等。

（2）通过任一顶点（如 A 点）的直线（如 AP_0）上，各点的 A 组分含量不同，但另两个组分（B 和 C）间的含量比不变。

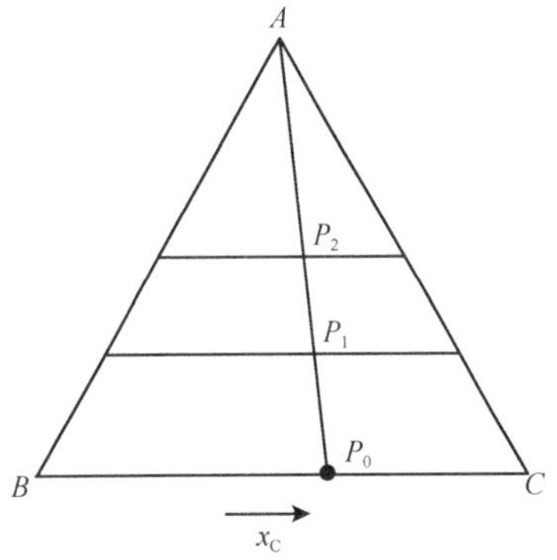

图 2-8-2　三元相图的组成变化表示

本实验中，水和正戊醇是部分互溶的（溶解度 22g/L），而乙酸和正戊醇及乙酸和水则完全互溶，在正戊醇和水系统中加入乙酸可以促进正戊醇与水的互溶，由此构成了生成一对共轭溶液的三组分系统。图 2-8-3 是正戊醇-乙酸-水三元相图的示意图。图中的曲线是溶解度曲线，在曲线以下是两相共存区，其余部分是单相区。在两相区，由于乙酸在正戊醇层和水层中不是等量分配，因此，代表两相浓度的连接线并不一定与底边平行，若设三组分系统的组成为 P_1，则平衡两相称为共轭溶液，其组成由通过 P_1 点的直线与溶解度曲线的交点 K_1、L_1 表示。同样的，$K_2P_2L_2$ 表示另一对共轭溶液的连接线。连接线的测量可以采用如下方法：当两相达成平衡时，将两相分离，分别测定两相中某一组分的含量，表示该组分含量的平行线与溶解度曲线的交点即为该相的系统点。本实验通过酸碱滴定法测定共轭溶液中的乙酸含量，进行连接线的测定，实验时应注意将水层数据点和正戊醇层数据点分别标注到溶解度曲线相应组分的两侧。若测得的连接线正好通过系统原始组成点，说明实验得到了很准确的结果。

本实验采用溶解度观察法测定溶解度曲线，实验原理见图 2-8-4，假定起始溶液是正戊醇-乙酸溶液 a，为澄清的单相；向该溶液中慢慢加入水直到溶液变得浑浊，系统点将沿着 a-水直线移动到达 b 点；向该浑浊液中加入乙酸使之重新澄清，此时系统点沿 b-乙酸直线移动到 c 点；再次向该溶液中慢慢加入水直到溶液变得浑浊，系统点将沿着 c-水直线移动到达 d 点；然后向该浑浊液中加入乙酸使之重新澄清，此时系统点沿 d-乙酸直线移动到 e 点；向该溶液中慢慢加入水直到溶液变得浑浊，系统点将沿着 e-水直线移动到达 f 点…将 b、d、f 等点连接起来，就得到了溶解度曲线。

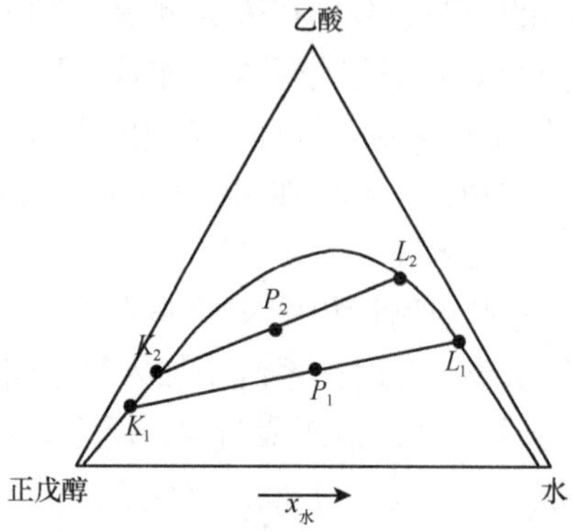

图 2-8-3　正戊醇-乙酸-水三元相图

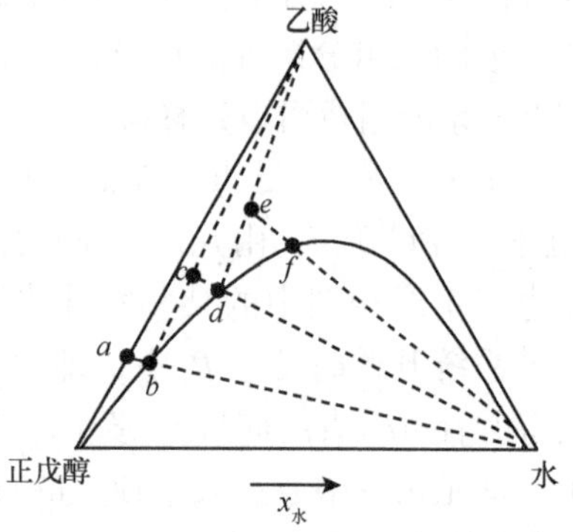

图 2-8-4　三元相图溶解度曲线测量原理

三、仪器与试剂

仪器：电子天平、恒温水槽、自动振荡器、具塞锥形瓶（25ml）4 只、锥形瓶（250ml）4 只、酸式、碱式滴定管（50ml）各 1 支、酸式滴定管（50ml，具特氟隆活塞）2 支、移液管（1ml、2ml）各 2 支、分液漏斗（150ml）2 只。

试剂：正戊醇（A.R.）、冰醋酸（A.R.）、草酸（A.R.，基准物质）、标准 NaOH 溶液（$0.5\text{mol}\cdot\text{L}^{-1}$）、酚酞指示剂。

四、实验步骤

1. 溶解度曲线测定　分别在两支干燥、洁净的具特氟隆活塞的酸式滴定管中装入正戊醇和冰醋酸，在普通酸式滴定管中装入水，在碱式滴定管中装入 NaOH 溶液（自配，浓度 $0.05\sim0.1\text{mol}\cdot\text{dm}^{-3}$）。用草酸基准物质（$H_2C_2O_4\cdot2H_2O$）标定 NaOH 溶液的浓度。

取干净的 250ml 具塞锥形瓶 1 只，向瓶中滴入 20ml 正戊醇和 10ml 冰醋酸，然后慢慢滴入水，同时不断振荡，滴至终点（由清变浊），记下水的体积。

再向此瓶中加入 5ml 醋酸，系统又变为澄清的均相，继续用水滴定至终点。然后以同样方法加入 8ml 醋酸，用水滴定，再加入 8ml 醋酸，用水滴定，记录各次测定的各组分用量。最后，向所得的溶液中加入 10ml 正戊醇，加塞后放置在振荡器中摇动半小时，用此溶液测定连接线。

另外，取干净的 250ml 具塞锥形瓶 1 只，向瓶中滴入 2ml 正戊醇和 2ml 冰醋酸，然后慢慢滴入水，同时不断振荡，滴至终点（由清变浊），记下水的体积。此后依次加入 1ml、1ml、1ml、1ml、2ml 醋酸，分别用水滴定至终点，记录实验数据。最后，向所得的溶液中加入 5ml 正戊醇，加塞后放置在振荡器中摇动半小时，用此溶液测定另一根连接线。

2. 连接线分析测定　将 4 个 25ml 具塞锥形瓶预先称重。

上面所得的两个测定连接线的溶液静置后分层，用干净的移液管分别吸取上层溶液 2ml、下层溶液 1ml，放入 4 个 25ml 有塞锥形瓶中，再称其重量，由此得到这 4 份溶液的质量。

将这 4 个锥形瓶中的溶液分别用水洗入容量瓶中定容（稀释程度根据滴定用 NaOH 溶液浓度自行决定），用已标定的 NaOH 溶液滴定每个溶液中醋酸的含量，用酚酞作指示剂。

五、注意事项

1. 滴定管必须干燥而洁净，锥形瓶也必须干净，振荡后内壁不能悬挂液珠。

2. 用水滴定如超过终点，则可滴加乙酸至刚由混浊变清作为终点，并记录下实际滴加的各溶液体积。

3. 当正戊醇含量较少时，终点是逐渐变化的，刚出现的混浊会慢慢消失，因此必须滴加水直至出现明显混浊才停止。

4. 用移液管移取两相平衡的下层溶液时，可边鼓泡吹气边插入移液管，避免上层溶液沾污。也可以使用分液漏斗分出下层溶液。

六、数据记录和处理

1. 查阅实验温度下各物质的密度（见书后附表 6），根据正戊醇、乙酸和水所用实际体积，计算各实验点上每个组分的重量百分数，填入表 2-8-1。

表 2-8-1　实验数据表

序号	正戊醇		乙酸		水		总重量/g	重量百分数/（wt%）		
	体积/ml	重量/g	体积/ml	重量/g	体积/ml	重量/g		正戊醇	乙酸	水

2. 从手册中查出正戊醇和水在实验温度时的相互溶解度，将实验数据在三角形坐标系中作图，即获得溶解度曲线，并延长至正戊醇和水在实验温度时的相互溶解度数据点。

3. 画连接线　计算两个测量连接线溶液中正戊醇、乙酸、水的重量百分数，并在三角形相图上标出相应的 P_1 和 P_2 点。

将所取上述溶液各相中的乙酸含量计算出来，并标示到溶解度曲线上，注意上层溶液的乙酸含量标在含正戊醇较多的一边，下层溶液的乙酸含量标在含水较多的一边。由此可以做出两条连接线 K_1L_1、K_2L_2，它们应分别通过 P_1、P_2 点。

七、思考与讨论

1. 除容量分析方法测定连接线外，你还能提出什么方法进行这项工作？

2. 如果测定的连接线 K_1L_1、K_2L_2 不能通过 P_1、P_2，原因是什么？

实验 9　化学反应平衡常数及分配系数的测定

一、实验目的

1. 测定碘在四氯化碳和水中的分配系数。

2. 测定碘和碘离子反应的平衡常数。

3. 了解复相平衡的概念。

二、实验原理

碘溶于碘化物（如 KI）溶液中，主要生成 I_3^-。恒温恒压下反应达到平衡：

$$I_2 + I^- \Leftrightarrow I_3^- \tag{2-9-1}$$

浓度不大时，其平衡常数可表达成下式：

$$K_c^{\ominus} = \frac{c_{I_3^-} c^{\ominus}}{c_{I_2} c_{I^-}} \qquad (2\text{-}9\text{-}2)$$

由于上述平衡存在，要在 KI 溶液中用碘量法直接测出平衡时各物质的浓度是不可能的，因为用 $Na_2S_2O_3$ 滴定 I_2 时，由于平衡向左移动，实际测得的是 I_3^- 和 I_2 量之和。因此，必须设法得到水溶液中的 I_2 的含量。

为了得到平衡时各物质的浓度，本实验用溶有适量碘的四氯化碳和 KI 溶液混合振荡达到多相平衡。I^- 和 I_3^- 不溶于 CCl_4，而 KI 中的 I_2 不仅与 KI 溶液中的 I^- 和 I_3^- 建立平衡，还与 CCl_4 层中的 I_2 也建立平衡，当温度一定时，I_2 在 CCl_4 层中的浓度和在水层中的浓度比值为一常数（即分配系数）：

$$K_d = \frac{c_{I_2}(CCl_4)}{c_{I_2}(KI)} \qquad (2\text{-}9\text{-}3)$$

因此，在测定了 I_2 在 CCl_4 层中的浓度后，便可通过预先测定的 K_d，求出水层中 I_2 的平衡浓度。滴定水层中的总碘量为 $c_{I_2}(KI)+c_{I_3^-}$ 之和，$c_{I_2}(KI)$ 可由（2-9-3）式求出，总碘量减去 $c_{I_2}(KI)$ 既得平衡时 $c_{I_3^-}$。由于水层中 I_2 与水层中的 KI 化合为 I_3^-，所以溶液中每减少 1 摩尔 I^-，就生成 1 摩尔 I_3^-，因此水层中 $c_{I^-}+c_{I_3^-}$ 与原始 KI 浓度相同，因此平衡时又有：

$$c_{I^-}(\text{平衡}) = c_{I^-}(\text{起始}) - c_{I_3^-}$$

分配系数 K_d 可借助 I_2 在 CCl_4 和纯水中的分配系数来测定。将平衡时各种物质浓度代入（2-9-2）式即可求出实验条件下的平衡常数。

三、仪器与试剂

仪器：恒温槽，量筒（100ml，25ml），滴定管（25ml），碘瓶（250ml），移液管（5ml，25ml），锥形瓶。

试剂：饱和 CCl_4 溶液，KI 溶液（$0.1500mol \cdot L^{-1}$），$Na_2S_2O_3$ 标准溶液（$0.0060mol \cdot L^{-1}$），淀粉指示剂。

四、实验步骤

1. 调节恒温槽温度为 25℃。
2. 取 2 个 250ml 的碘瓶，标上编号，按表 2-9-1 配制溶液体系。

表 2-9-1　溶液体系

编号	H_2O	$0.15mol \cdot L^{-1}$ KI 溶液	饱和 CCl_4（I_2）
1	200ml	—	25ml
2	100ml	100ml	25ml

3. 将配好的体系振荡均匀后，置于恒温槽 1 小时，每隔 10 分钟振荡一次，最后一次应将附于水层表面的 CCl_4 振荡下去，待两层充分分层后取样测定。
4. 取样分析　取 1 号体系 CCl_4 层样品 3ml 两份于预先装有约 10ml 水的锥形瓶中，并滴加 2～3 滴 KI 饱和溶液，以使 I_2 能完全提取到水层，加入约 1ml 淀粉指示剂，在充分振荡条件下，用 $Na_2S_2O_3$ 标准溶液滴定至无色。记下所用 $Na_2S_2O_3$ 溶液体积。

取 2 号体系 KI 层样品 5ml、CCl_4 层样品 3ml，重复上述操作。

五、注意事项

1. 被测定的体系要达到分配平衡。
2. 分液时一定要尽可能分离干净，有时在两相间可能出现一些絮状物，也应同时放去（下层）。
3. 滴定中要充分振荡。
4. CCl_4 有毒、易挥发，密度大，取样时须迅速准确，并且滴定结束后及时回收。

六、数据记录与处理

1. 将实验原始数据按表 2-9-2 记录。

表 2-9-2 记录消耗 $Na_2S_2O_3$ 的体积

编号	1		2	
	H_2O 层	CCl_4 层	KI 层	CCl_4 层
取样体积/ml	25.00	3.00	5.00	3.00
消耗 $Na_2S_2O_3$ 体积/ml	①： ②： 平均：	①： ②： 平均：	①： ②： 平均：	①： ②： 平均：

2. 由 1 号样品滴定结果计算 K_d。
3. 由 2 号样品滴定结果计算出 c_{I_2}、$c_{I_3^-}$、c_{I^-} 及 K^Θ，并根据 I^-、I_2、I_3^- 的标准摩尔生成吉布斯自由能变化的数据计算出 K^Θ 的理论值，并做误差分析。

七、思考与讨论

1. 滴定 CCl_4 层中的 I_2 时，应注意什么？
2. 用 $Na_2S_2O_3$ 滴定 I_2 溶液时指示剂为什么必须在将近终点之前才加入？

实验 10 氨基甲酸铵分解反应平衡常数的测定

一、实验目的

1. 用等压法测定一定温度下氨基甲酸铵的分解压力，求算该反应的平衡常数。
2. 了解温度对反应平衡常数的影响，由不同温度下的平衡常数的数据计算反应焓变。
3. 阅读相关附录，进一步掌握真空实验技术和恒温槽的调节使用。

二、实验原理

氨基甲酸铵（NH_2COONH_4）是白色固体，是合成尿素的中间体，研究其分解反应具有实际意义。

NH_2COONH_4 很不稳定，易于分解成 NH_3 和 CO_2：

$$NH_2COONH_4 \longrightarrow 2NH_3\uparrow + CO_2\uparrow$$

此复相反应正、逆向都容易进行，若不将分解产物移去，很容易达到平衡。其平衡常数为：

$$K_p = p_{NH_3}^2 \cdot p_{CO_2}$$

未达到平衡时体系的总压力为 p，固体 NH_2COONH_4 产生的分压很小，可以忽略不计，又因为体系中的 NH_3 和 CO_2 全部都是由氨基甲酸铵分解产生的，所以

$$p = p_{NH_3} + p_{CO_2}$$

由方程式可知

$$p_{NH_3} = 2p_{CO_2}$$

所以

$$p_{NH_3} = \frac{2}{3}p, \quad p_{CO_2} = \frac{1}{3}p$$

$$K_p = \frac{27}{4}p^3 \tag{2-10-1}$$

$$K_p^\Theta = \frac{27}{4}\left(\frac{p}{p^\Theta}\right)^3 \tag{2-10-2}$$

因此，可知当体系达到平衡后，测定其总压力 p 即可算出平衡常数 K_p、K_p^Θ。

温度对平衡常数的影响一般都很显著，其定量关系为：

$$\frac{d(\ln K_p^\Theta)}{dT} = \frac{\Delta_r H_m^\Theta}{RT^2} \tag{2-10-3}$$

从（2-10-3）式可以看出：若反应是吸热反应，$\Delta_r H_m^\Theta > 0$，则 $\frac{d(\ln K_p^\Theta)}{dT} > 0$，即 K_p^Θ 随温度升高而增大。若反应是放热反应，$\Delta_r H_m^\Theta < 0$，则 $\frac{d(\ln K_p^\Theta)}{dT} < 0$，即 K_p^Θ 随温度升高而减小。而：

$$\Delta_r H_m^\Theta(T_2) = \Delta_r H_m^\Theta(T_1) + \int_{T_1}^{T_2} \Delta_r C_p \mathrm{d}T$$

所以 $\Delta_r H_m^\Theta(T)$ 为温度的函数。将 $\Delta_r H_m^\Theta(T)$ 的函数代入（2-10-3）式积分可得 K_p^Θ。

如果反应物和产物的性质类似，摩尔热容的值相近，反应前后总物质的量基本不变，则在较小的温度变化区间内，$\Delta_r C_p$ 可近似看作零，$\Delta_r H_m^\Theta$ 为与温度无关的常数，对（2-10-3）式积分可得：

$$\ln K_p^\Theta = -\frac{\Delta_r H_m^\Theta}{RT} + C$$

若以 $\ln K_p^\Theta$ 对 $1/T$ 作图，应为一直线，其斜率为 $-\frac{\Delta_r H_m^\Theta}{R}$，由此可求出 $\Delta_r H_m^\Theta$。在一个小的温度区间内，也可以用此式计算出此温度区间的平均摩尔反应焓变。

因为在任一温度下平衡常数与反应的标准吉布斯自由能变化值间有如下关系：

$$\Delta_r G_m^\Theta = -RT\ln K_p^\Theta$$

可用平衡常数求出该反应温度下的 $\Delta_r G_m^\Theta$。

利用实验温度范围内的平均等压热效应 $\Delta_r H_m^\Theta$ 及等温下的自由能 $\Delta_r G_m^\Theta$，可近似地计算出该温度下的标准摩尔熵变 $\Delta_r S_m^\Theta$，即：

$$\Delta_r S_m^\Theta = \frac{\Delta_r H_m^\Theta - \Delta_r G_m^\Theta}{T}$$

实验仪器装置见图 2-10-1。

三、仪器与试剂

仪器：循环水真空泵、数字测压仪、玻璃恒温槽、等压计、样品管。

试剂：氨基甲酸铵（实验室自制），液体石蜡。

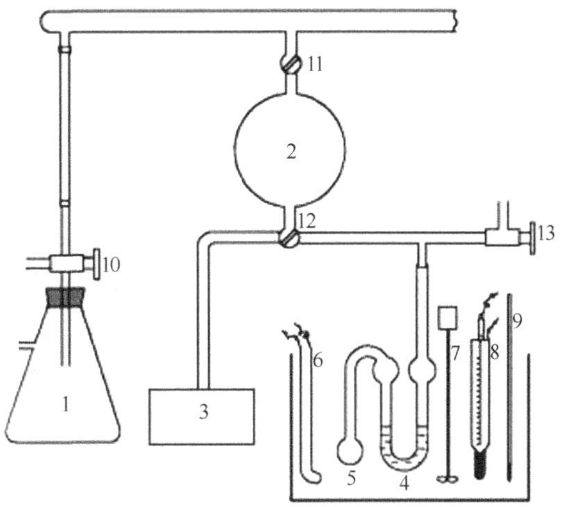

图 2-10-1　等压法测氨基甲酸铵分解压装置图

1—缓冲瓶；2—减压瓶；3—测压计；4—等压计；5—样品管；6—加热器；7—搅拌器；8—水银接触温度计；9—1/10 刻度温度计；11～13—旋塞

四、实验步骤

1. 由小漏斗将氨基甲酸铵粉末小心装入干燥的球状样品管中，与已装好液体石蜡的等压计连好。

2. 开通循环水泵，旋转旋塞 10 与体系相通，旋转旋塞 11 与减压瓶 2 相通，旋转旋塞 12 至三个方向都相通，此时观察到的测压计数字应不断减小，至测压计示数为−90kPa 以下时，关闭旋塞 11，检查体系的气密性。

3. 恒温槽中加水没过样品管和等压计，调节恒温槽水温为 25℃。

4. 旋转旋塞 11，抽气约 1 分钟，把样品管中的空气抽净，然后关闭旋塞 11。慢慢旋转旋塞 13，缓慢向系统中放入空气，使 U 形等压计液面水平。若 5 分钟内保持液面水平不变，记下测压计的读数，即为氨基甲酸铵分解的平衡压力。然后关闭旋塞 13，再重复一次，如果两次结果相差在 0.1kPa 之内，则可改变温度，继续进行实验；若两次结果偏差较大，说明第一次空气没有抽净，应重做。若平衡时间保持不住，可检测是否有漏气的地方。

5. 用同样的方法分别测定 27.5℃、30℃、32.5℃、35℃下的分解压力。

6. 实验完成后，关闭旋塞 13，使旋塞 12 与样品管断开，以保护剩余的氨基甲酸铵。将测压仪中的 NH_3 和 CO_2 抽净，关闭旋塞 11，使旋塞 10 放空后方可关泵。

五、注意事项

1. 在连接样品管与等压计的过程中注意不能让液体石蜡进入样品管。
2. 在向系统放入空气调节等压计液面水平时切不可使空气进入过快，避免空气进入样品管。
3. 水银接触温度计的调节及使用参考实验 1 附录。
4. 数字测压仪及循环水真空泵的使用方法参考实验 2 附录。

六、数据记录与处理

1. 计算不同温度下氨基甲酸铵的分解压力及分解反应的 K_p、K_p^Θ。
2. 根据实验数据作 $\ln K_p^\Theta \sim 1/T$ 图，并由此计算氨基甲酸铵分解反应的 $\Delta_r H_m^\Theta$。
3. 计算氨基甲酸铵分解反应的 $\Delta_r G_m^\Theta$ 和 $\Delta_r S_m^\Theta$。

七、思考与讨论

1. 若体系有漏气的地方会发生什么现象？
2. 当空气通入体系时，若通得过多有何现象出现？怎么处理？
3. 为什么要抽净样品管中的空气？若体系中有少量空气，对实验结果有何影响？

4. 如何判断氨基甲酸铵分解已达平衡？没有平衡就测数据将有何影响？

实验 11　酚酞电离平衡常数的测定—分光光度法

一、实验目的

用分光光度计和 pH 计测定酚酞的电离平衡常数。

二、预习要求

1. 阅读附录中分光光度计和酸度计的工作原理及使用方法。
2. 掌握酚酞电离平衡常数测定的原理和方法。

三、实验原理

酚酞可看成是一种弱酸，以 HR 表示，在水溶液中按下式部分电离：

$$\underset{(\text{无色})}{HR} \rightleftharpoons \underset{(\text{红色})}{H^+ + R^-}$$

定温下，上述反应平衡后，若改变体系中 H^+ 的浓度，平衡将移动，新的平衡达到时，各反应物的浓度均有所变化，但平衡常数不变。本实验以不同 pH 的缓冲溶液为反应介质，利用分光光度法在定温下测定酚酞的电离平衡常数。

上述反应在定温下平衡以后，下式成立：

$$K_T = [H^+][R^-]/[HR] \qquad (2\text{-}11\text{-}1)$$

若以$[HR]^0$表示酚酞的原始浓度，则有：

$$[HR] = [HR]^0 - [R^-] \qquad (2\text{-}11\text{-}2)$$

（2-11-1）、（2-11-2）两式联立可得：

$$K_T = \frac{[H^+][R^-]}{[HR]^0 - [R^-]} \qquad (2\text{-}11\text{-}3)$$

分子、分母同除$[HR]^0$，同时令 $a = [R^-]/[HR]^0$，则（2-11-3）式改写为：

$$K_T = \frac{a}{1-a}[H^+] \qquad (2\text{-}11\text{-}4)$$

根据比尔定律：一有色物质的溶液，在光径不变时，其浓度与光密度成正比。故若取一定体积的酚酞溶液加到一 pH 已知的缓冲溶液中，测得光密度为 E，在相同条件下，加适量的 NaOH 使酚酞完全电离，测得光密度为 E^0。根据电离度的定义和比尔定律，下式成立：

$$a = [R^-]/[HR]^0 = E/E^0 \qquad (2\text{-}11\text{-}5)$$

从而得出 K_T 的计算公式为：

$$K_T = \frac{E}{E^0 - E} \times 10^{-pH} \qquad (2\text{-}11\text{-}6)$$

四、仪器与试剂

仪器：722 型分光光度计，100ml 容量瓶 6 个，pH 计，50ml 烧杯 6 个，1ml 刻度移液管 2 支，2ml 刻度移液管 1 支，胶头滴管 1 支。

试剂：1mol/L NaOH 溶液（A 液），0.4mol/L 混酸（HAc，H_3BO_4 均为 0.4mol/L 等量混合）（B 液），0.5% 酚酞，0.1mol/L NaOH 溶液。

五、实验步骤

在 1～5 号的 100ml 容量瓶中分别加入 1.00ml 0.5% 酚酞和 1.00ml 0.4mol/L 混酸，加入

蒸馏水至容量瓶体积的2/3，摇匀。用胶头滴管吸取1mol/L NaOH分别滴加在上述5只容量瓶中刚好滴至微红。然后改用0.1mol/L NaOH，使1号至5号容量瓶中溶液的红色由浅到深形成一个色段，最后用蒸馏水稀释到刻度。在另一只100ml容量瓶（编号6）中加入0.1ml 0.5%酚酞和2.00ml 0.1mol/L NaOH，用蒸馏水稀释到刻度处。之后，迅速测定1～6号溶液的光密度E和pH。

六、数据记录与处理

1. 将测定的1～6号溶液的光密度（E）和pH记录于表2-11-1中。

表2-11-1 实验数据记录

编号	1	2	3	4	5	6	备注
E/E^0							测光密度时采用波长为520Å
pH							
K_T							

2. 根据公式（2-11-6）计算在实验温度时各个不同pH的酚酞溶液的电离常数。计算时应考虑到6号容量瓶中的酚酞量是其他各瓶中的1/10。故$E^0 = 10E_{6号}$。

七、思考与讨论

1. 若所配溶液颜色太深时对实验结果有无影响？若从1～5号容量瓶中所取酚酞溶液的量不一致对实验结果有无影响？

2. 对实验结果从原理上加以阐明。

附录一 722型分光光度计

1. 仪器原理和用途 分光光度计的基本原理是基于物质在光的激发下，物质中的原子和分子所含的能量以多种方式与光互相作用而产生对光吸收的效应。物质对光吸收具有选择的特性（对光的波长），各种不同的物质都有各自的吸收光带。所以当以色散后的光谱通过某一溶液时，其中某些波长的光线则会被溶液吸收，因此，在通过溶液以后的光谱中就出现有黑暗的谱带。在一定的波长下，溶液中某一种物质的浓度与光吸收效应是互相成比例的。

根据比色法的原理，当溶液中的某种物质所生成的颜色或加入显色剂后所生成的颜色，其颜色强度和物质的量是成比例的。

比尔定律： $T = I / I_0$ $\lg(I_0/I) = kcl$ $E = kcl$

式中：T透光率，K吸收系数，I_0入射光，l光径，I透过光，C溶液浓度，E消光值（光密度）。

从上式中可以看出，当入射光，吸收系数（即消光系数）和溶液厚度不变时，透光率是根据溶液浓度而变化。因此，把透过溶液的光线通过测光机构中的光电转换器接收，将光能转换为电能就可以在测光机构的指示器上读出相应的透光率或光密度，从而推算出溶液的浓度。

2. 722型分光光度计的操作方法

（1）预热仪器：将选择开关置于“T”，打开电源开关，使仪器预热20分钟。为了防止光电管疲劳，不要连续光照，预热仪器时和不测定时应将试样室盖打开，使光路切断（打开试样室盖，光门自动关闭）。

（2）选定波长：根据实验要求，转动波长手轮，调至所需要的单色波长。

（3）固定灵敏度档：在能使空白溶液很好地调到“100%”的情况下，尽可能采用灵敏度较低的档。使用时，首先调到“1”档，灵敏度不够时再逐渐升高。但换档改变灵敏度后，须重新校正“0%”和“100%”。选好的灵敏度，实验过程中不要再变动。

（4）调节 T=0%：打开试样室盖（光门自动关闭），轻轻旋动“0%”旋钮，使数字显示为“00.0”（此时试样室是打开的）。

（5）调节 T=100%：将参比溶液（蒸馏水或空白溶液，或纯溶剂）的比色皿放入比色皿座架中的第一格内，并对准光路，把试样室盖子轻轻盖上，调节透过率“100%”旋钮，使数字显示正好为“100.0”（如果显示不到 100%T，则可适当增加灵敏度的档数，同时应重复步骤（3），调整仪器的“00.0”）。

（6）吸光度的测定：将选择开关置于“A”，盖上试样室盖子，将空白液置于光路中，调节吸光度调节旋钮，使数字显示为“.000”。将盛有待测溶液的比色皿放入比色皿座架中的其他格内，盖上试样室盖，轻轻拉动试样架拉手，使待测溶液进入光路，此时数字显示值即为该待测溶液的吸光度值。读数后，打开试样室盖，切断光路。重复上述测定操作 1～2 次，读取相应的吸光度值，取平均值。

（7）浓度的测定：选择开关由“A”旋置“C”，将已标定浓度的样品放入光路，调节浓度旋钮，使得数字显示为标定值，将被测样品放入光路，此时数字显示值即为该待测溶液的浓度值。

（8）关机：实验完毕，切断电源，将比色皿取出洗净，并将比色皿座架用软纸擦净。

注意：（1）每台仪器所配套的比色皿不能与其他仪器上的比色皿单个调换。

（2）如果大幅度改变测试波长时，需等数分钟后才能正常工作（因波长由长波向短波或短波向长波移动时，光能量变化急剧，光电管受光后响应较慢，需一段光响应平衡时间）。

附录二　PHT-PB 型酸度计

PHT-PB 型酸度计是一种精密数字式酸度计，仪器广泛应用于工业、农业、科研、教学等许多领域和学科，用于精密测量各种溶液的酸度（pH），离子浓度（MV）。

仪器采用高可靠性设计，采用国际先进的电路结构，提高了测量的准确度，可靠性和抗干扰性。由于采用双电源供电（交流电和电池），增强了仪器工作适应性。体积小巧，自重轻。配有离子电极接口，当配以相应离子电极时，能测量溶液中多种离子浓度。

PHT-PB 型酸度计除具有测量酸度、离子浓度功能外，还具有测量温度功能和电池电压自检功能。

一、使用和维护方法

1. 测 pH　功能开关置 pH 档，接上 pH（复合）电极（或 pH 电极，参比电极），用去离子水清洗电极并用滤纸吸干，插入被测溶液中，调节 TEMP 旋钮，使旋钮尖头所指的温度和被测温度一致，打开电源开关，仪器显示的数值即被测溶液的 pH。

2. 测离子浓度　功能开关置 MV 档，接上相应的离子选择电极，参比电极，用去离子水清洗电极并用滤纸吸干，插入被测溶液中，打开电源开关，仪器显示的数值即该离子浓度时的电极电位（MV 值）。并自动以“+”，“–”显示极性。

3. 测量温度　功能开关置 TEMP 档，接上温度探头，置探头于被测体中，打开电源开关。仪器显示被测体温度。本仪器的温度测量，既可用于测量 pH 时溶液的温度，也可用于其他需要测量温度的地方。

4. 自检电池电压　功能开关置 BAT 档，打开电源开关，仪器显示其所用电池之电压。

二、电极的标定

1. pH 电极的标定

（1）定位：用去离子水清洗干净的电极插入 pH=7 的缓冲溶液中，调节 TEMP 旋钮，使其指示的温度与溶液温度相同，打开电源开关，再调节 CALIB 旋钮，使仪器显示的 pH 与该缓冲溶液在此温度下的 pH 相同。

（2）调节斜率：把电极从 pH=7 缓冲溶液中取出，用去离子水清洗干净，把清洗干净的电极插入 pH=4 的缓冲溶液中，调节 TEMP 旋钮，使其指示的温度与溶液温度相同，再调节 SLOPE 旋钮，使仪器显示的 pH 与该溶液在此温度下的 pH 相同（pH=9 的标定同理）。标定即结束。

2. 离子电极的标定　将离子电极插入离子浓度已知的溶液中，等读数稳定后读出第一个 mV 值，将溶液稀释 10 倍，再读出第二个 mV 值，再稀释，读出第三个 mV 值……。由于电极在其量程内，mV 值的变化与溶液浓度的对数值成比例，做出溶液浓度的对数值与 mV 值的图表，标定即结束。

实验 12　电解质溶液活度系数的测定

一、实验目的

1. 用电动势法测定不同浓度盐酸溶液的平均离子活度系数，并计算盐酸的活度。

2. 了解离子活度计的构造和工作原理。

3. 进一步理解电解质的平均离子活度和平均离子活度系数的概念。

二、预习要求

1. 阅读附录离子活度计的使用说明。

2. 明确掌握德拜-休克尔极限公式、能斯特方程及电池电动势的概念。

3. 明确电解质的整体活度 a、阴阳离子活度 a_+、a_-和平均离子活度 $a_\pm$间的关系；以及电解质的整体质量摩尔浓度 b、阴阳离子浓度 b_+、b_-和离子平均质量摩尔浓度 $b_\pm$间的关系。

三、实验原理

将理想液态混合物中任一组分 B 的化学势表达式中的摩尔分数 x_B 代之以活度 a_B,即可表示真实液态混合物中组分 B 的化学势：

$$f_B=a_B/x_B$$

f_B 为真实液态混合物中组分 B 的活度系数（或称活度因子）。

在温度 T、压力 p 的条件下，真实溶液中溶质 B 的活度系数为：

$$\gamma_B = a_B \ / \ (b_B/b^\theta)$$

本实验通过测定下列电池的电动势，根据德拜-休克尔极限公式求得电解质 HCl 的活度系数。

$$\text{Ag，AgCl} \mid \text{HCl} \mid \text{玻璃} \mid \text{试液} \parallel \text{KCl（饱和）} \mid Hg_2Cl_2\text{（s），Hg}$$

$\Psi_{膜}$　　　　Ψ_L（液接电势）

←—玻璃电极—→|　　　　|←————甘汞电极————→

$$\Psi_{玻璃} = \Psi_{AgCl/Ag} + \Psi_{膜} \qquad \Psi_{甘汞} = \Psi_L + \Psi_{Hg_2Cl_2/Hg}$$

上述电池的电动势：$E = (\Psi_{Hg_2Cl_2/Hg} + \Psi_L) - (\Psi_{AgCl/Ag} + \Psi_{膜})$ （2-12-1）

其中：$\Psi_{膜} = K + 0.059\lg a_{(HCl)}$（$K$ 是由玻璃膜电极内、外膜表面性质所决定的常数）。

当实验温度为 25°C 时，上述电池电动势 E 满足下列关系：

$$E = \Psi_{Hg_2Cl_2/Hg} + \Psi_L - \Psi_{AgCl/Ag} - K - 0.059\lg a_{\pm^2(HCl)}$$
$$= \Psi_{Hg_2Cl_2/Hg} + \Psi_L - \Psi_{AgCl/Ag} - K - 0.1183\lg a_{\pm(HCl)}$$
$$= K' - 0.1183\lg a_{\pm(HCl)}$$
$$= K' - 0.1183\lg(\gamma_\pm b_\pm) \quad (2\text{-}12\text{-}2)$$

（2-12-2）式可进一步改写为：$E = K' - 0.1183\lg\gamma_\pm - 0.1183\lg b_\pm$

或 $\lg\gamma_\pm = (K' - E - 0.1183\lg b_\pm) / 0.1183$ （2-12-3）

对 1-1 价型电解质的极稀溶液存在关系式 $b = b_\pm$，因此根据德拜-休克尔极限公式，HCl 溶液的平均活度系数满足下述关系式：

$$\lg\gamma_\pm = -A\sqrt{b} \quad (2\text{-}12\text{-}4)$$

（2-12-3）和（2-12-4）式联立可得 $(K' - E - 0.1183\lg b_\pm)/0.1183 = -A\sqrt{b}$

即 $E + 0.1183\lg b = K' + 0.1183A\sqrt{b}$

若将不同浓度的 HCl 溶液构成上述单液电池，并分别测出其相应的电动势 E 值，以（$E+0.1183\lg b$）为纵坐标，以 $\sqrt{b}$ 为横坐标作图，可得一曲线。将此曲线外推，即可求得 K'。求得 K'后，再将各不同浓度 b 时所测得的相应 E 值代入（2-12-2）式，就可计算出各种不同浓度下的平均离子活度系数 $\gamma_\pm$，同时根据 $a_{HCl} = a_{H^+}a_{Cl^-} = a_{\pm^2} = (\gamma_\pm b_\pm)^2$，可算出各溶液中 HCl 相应的活度。

四、仪器与试剂

仪器：PXS-215 离子活度计、玻璃电极、饱和甘汞电极、移液管、容量瓶（50ml）。

试剂：0.1mol/L 盐酸溶液。

五、实验步骤

1. 不同浓度 HCl 溶液的配制：用 0.1mol/L 盐酸储备液分别配置 0.005mol/L、0.01mol/L、0.02mol/L、0.05mol/L 及 0.1mol/L 的盐酸溶液 50ml。

2. 电池电动势的测定：以上述不同浓度的盐酸溶液为电解液，分别以饱和甘汞电极和玻璃电极为正负极构成原电池，用离子活度计按照从稀到浓的顺序依次测定不同浓度 HCl 溶液的电池电动势 E。

六、数据记录与处理

1. 自行设计实验数据记录表格，既能记录全套数据，又可填入演算结果。

2. 以（$E + 0.1183\lg b$）为纵坐标，以 $\sqrt{b}$ 为横坐标作图，得一曲线，将此曲线外推，求 K'。

3. 将所得 K'值及各不同浓度 b 时所测得的相应 E 值代入（2-12-2）式，计算出不同浓度下的平均离子活度系数 $\gamma_\pm$。

4. 根据公式 $\gamma_B = a_B/(b_B/b^\theta)$ 及 $a_{HCl} = a_{H^+}a_{Cl^-} = a_{\pm^2} = (\gamma_\pm b_\pm)^2$，算出各溶液中 HCl 相应的活度。

七、思考与讨论

1. 试述电动势法测定平均离子活度系数的基本原理。
2. 当实验温度接近 25℃时，为何可用外推法来确定标准电动势?
3. 分析影响测量结果的因素有哪些?

附录 PXS-215 型离子活度计

一、仪器的特点

PXS-215 型离子活度计是 4（1/2）位十进制数字显示的高精度离子活度计，它可以与各种离子选择性电极配用，精确测量电极在水溶液中产生的电池电动势，也可作精密 pH 计。

二、pH 挡测量方法

1. 把电极固定在电极架上，并把电极引线连在仪器适当的端子上，指示电极插于高阻端，参比电极连到 pH 测量端。

2. 在电极架上调整电极的高度，使其不碰烧杯的底部。

3. 用缓冲溶液调整电极的斜率和定位

在用电极测量溶液的 pH 前，必须用标准溶液来调整 pH 计，使其 pH 读数与每支电极的各种特性相关，在 PXS-215 上是通过使用定位调节器（用以平衡 mV-pH 曲线）和斜率调节钮（补偿电极的灵敏度）来达到的。有以下两种调整方法。

（1）一点调整法：假设玻璃电极的灵敏度在理论值的 98%～100%，那么就只用一个 pH 缓冲溶液，调节定位钮到标准溶液的 pH，之后就可以测量溶液的 pH 存放值，其精度约 2%（斜率置于 100%）。

（2）二点调整法：玻璃电极经使用或存放了一段时间以后，敏感膜会老化，使用仪器的斜率钮可保证测量的高精度，这样就要用两个 pH 标准溶液来对仪器进行标定，所选的第一缓冲液的 pH 必须在 5.6～10，所使用的缓冲液必须是同一种，调节温度补偿钮至溶液温度。把电极浸入缓冲液 1 中，调节定位钮使仪器的读数为标准液的 pH，移去缓冲溶液 1，清洗电极并擦干。把电极浸入缓冲液 2 中，调节斜率钮使仪器的读数为缓冲液 2 的 pH，以便再次使用时可以把旋钮调在适当的位置（以上步骤必须在调好电极的等电位 pH 点以后执行，或者要使标定仪器的缓冲溶液和被测溶液的温度相等）。

4. 清洗电极并擦干，浸于被测溶液中，并搅动溶液，待数字稳定后读取 pH。

5. 使用以后要按说明书的要求存放电极。

三、pX 挡测量方法

1. 当测量一价离子时，把仪器后面板上的等电位 pH 开关置于关，按下 pX 开关。

2. 将电极清洗、擦干，放入已加入离子强度调节剂的标准溶液 A 中（当样品液温度与标准溶液温度不一致时，应增加或减少温度补偿钮上的数值与实际斜率相一致），调定位钮，使仪器的显示值为 pX_A 值，（其符号应与正、负离子相反）。然后将电极清洗、擦干、浸入已加入离子强度调节剂的样品中，稳定后，读取仪器的数字即为样品液的 pX 值（其极性应与被测阴、阳离子相反，如阳离子为“–”，阴离子为“+”）。

测二价离子时按下 pX2 开关，操作步骤与一价离子相同。

四、mV 档测量方法

将待测电极、参比电极及电解质溶液组装成完整的电池回路，按下”mV”开关，调节温度补偿旋钮，进行测量。

离子选择电极电位 E 与离子活度 a 有关，一般以能斯特方程简单形式表示，它是离子选择电极分析法的基础。

$$E=E^0\pm S\lg a$$

对阳离子，S 取正，对阴离子 S 取负。要测定电极电位，需选用一个电位恒定的参比电极，由它和离子选择电极构成的电池电动势来确定。在离子强度一定时，能以浓度 C 代替活度 a，于是 E^0 就成为多个常数，如参比电极、液接电位、不对称电位、活度系数和游离的离子分数和的对数值的总和。离子选择电极分析中常用的有直接测定法、加入法等。

实验 13　电解质溶液的电导率测定

一、实验目的

1. 掌握测定溶液电导率及极限摩尔电导率的方法。
2. 研究强、弱电解质溶液的浓度对电导率的影响，并计算弱酸的表观解离常数。

二、预习要求

1. 明确溶液的电导、电导率和摩尔电导率的概念。
2. 阅读附录了解电导率仪的使用方法。

三、实验原理

导电物体的电阻 R 与该物体的长度 l 成正比、与其横截面积 A 成反比，

$$R=\rho\cdot\frac{l}{A}$$

常数 ρ 称为电阻率（单位：$\Omega\cdot\text{m}$），其倒数 κ 称为电导率（单位：$\Omega^{-1}\cdot\text{m}^{-1}$或$\text{S}\cdot\text{m}^{-1}$），而电阻的倒数称为电导 G（单位：Ω^{-1}或 S）。一般对金属导体使用电阻率的概念，而对电解质使用电导率的概念。上述物理量之间的关系可以重新表达为：

$$R=\rho\cdot\frac{l}{A}=\frac{l}{\kappa\cdot A}=\frac{1}{G}\qquad \kappa=\frac{1}{R}\cdot\frac{l}{A}=\frac{l}{A}\cdot G$$

如果需要测定一个溶液的电导率，必须首先测定电导池的几何尺寸，即 l 和 A。这可以采用已知电导率溶液标定的方法，常用的标定溶液是 KCl 溶液。由此得到的标定数据称为电导池常数 K_{cell}

$$K_{\text{cell}}=\frac{l}{A}=\kappa_{\text{已知}}\cdot R_{\text{已知}}$$

电导池常数在电导电极出厂前已经经过标定，但是在电极使用过程中仍然会发生变化，因此，必须经常进行核查。由于实验中更多地采用了电导率仪，因此也可以在电导率仪上进行电导池常数的复核工作。

在电导池常数已经确定的情况下，使用电导率仪就可以很方便地测定电解质溶液的电导率，水的电导率应从电解质溶液电导率的测定值中扣除。图 2-13-1 为氯化钾溶液和乙酸溶液的电导率与溶液浓度的关系。

由于电解质溶液的电导率与浓度的相关性很强，因此电导率并不是比较各种电解质导电能力的合适指标。因此，引入摩尔电导率 Λ_{m}（单位：$\text{S}\cdot\text{cm}^2\cdot\text{mol}^{-1}$），定义为：

$$\Lambda_{\text{m}}=\frac{\kappa}{c}$$

实验测定的 KCl 和 HAc 的摩尔电导率与浓度的关系见图 2-13-2。

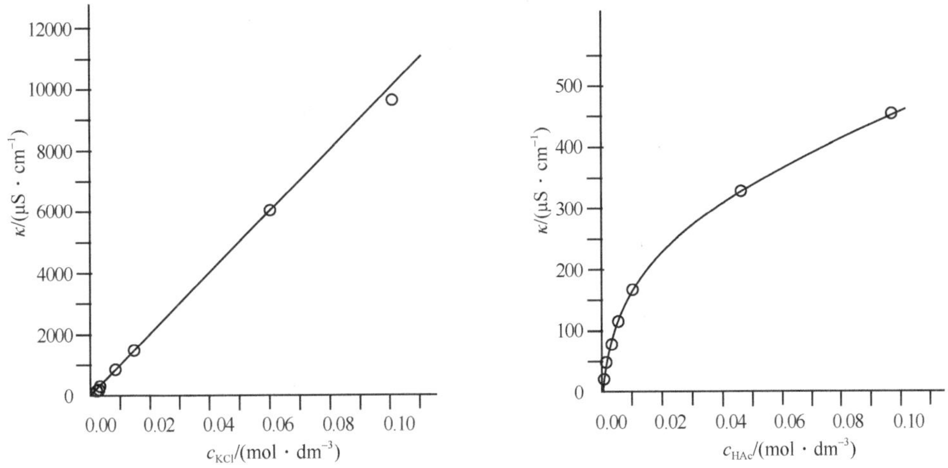

图 2-13-1 KCl 和 HAc 溶液的电导率与浓度的关系

随着溶液的不断稀释，摩尔电导率趋向一个极限值 Λ_∞，称为极限摩尔电导率。根据科尔劳施定律，对于强电解质溶液，摩尔电导率与浓度的关系可以表示为如下的经验公式：

$$\Lambda_m = \Lambda_\infty - k\sqrt{c}$$

$\Lambda_m \sim \sqrt{c}$ 作图应得到一条直线，该直线与纵坐标的交点即为极限摩尔电导率 Λ_∞（图 2-13-3）。

弱电解质的极限摩尔电导率无法用外推法求出，但是可以用科尔劳施离子独立移动定律进行计算

$$\Lambda_\infty = \nu_+ \lambda_+^\infty + \nu_- \lambda_-^\infty$$

λ_+^∞、λ_-^∞ 分别是正、负离子的极限摩尔电导率。

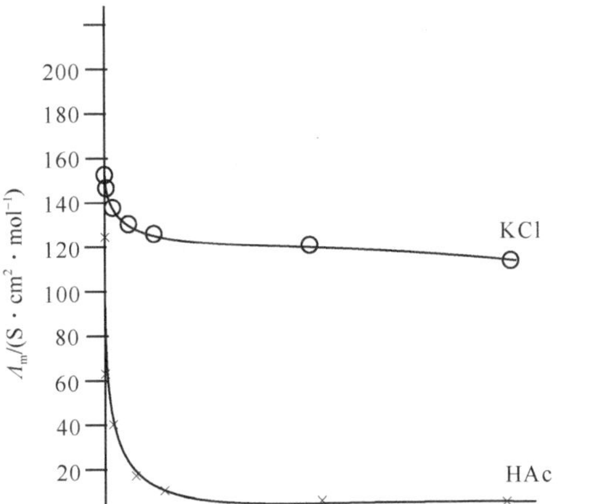

图 2-13-2 KCl 和 HAc 的摩尔电导率与浓度关系

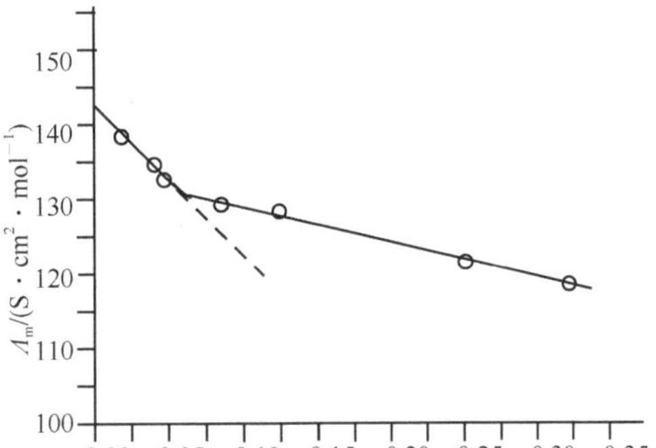

图 2-13-3 KCl 溶液的 Kohlrausch 定律

弱电解质是不完全解离的，因此其电导率比强电解质要低。弱电解质的解离度 α 可以

用摩尔电导率与极限摩尔电导率的比值来表示：

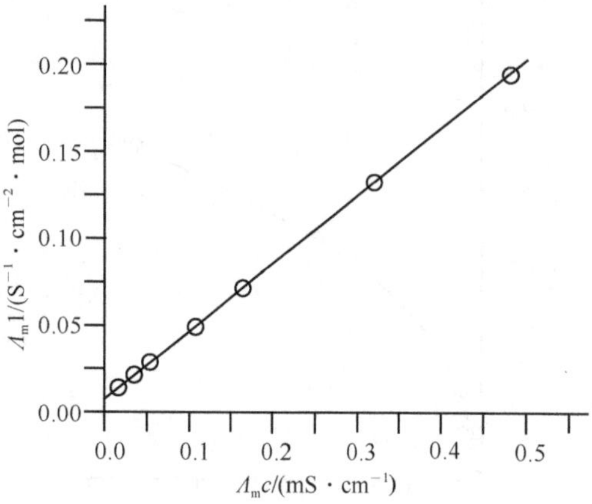

图 2-13-4　乙酸溶液的 $\frac{1}{\Lambda_m} \sim \Lambda_m \cdot c$ 关系

$$\alpha = \frac{\Lambda_m}{\Lambda_\infty}$$

根据 Ostwald 稀释定律，对于乙酸的电离过程，其经验平衡常数可以表示为：

$$K = \frac{\alpha^2 \cdot c}{1-\alpha} = \frac{\Lambda_m^2 \cdot c}{(\Lambda_\infty - \Lambda_m)\Lambda_\infty}$$

重新整理得到：

$$\frac{1}{\Lambda_m} = \frac{1}{\Lambda_\infty} + \frac{\Lambda_m \cdot c}{K \cdot \Lambda_\infty^2}$$

以 $\frac{1}{\Lambda_m} \sim \Lambda_m \cdot c$ 作图可以得到一直线（图 2-13-4），由直线的截距可求出弱电解质的极限摩尔电导率，进而求出弱电解质的解离度 α 和电离过程经验平衡常数 K。

四、仪器与试剂

仪器：电导率仪、电导电极、电子天平（精度 0.0001g）、恒温水槽。

250ml 容量瓶 4 只、500ml 容量瓶 4 只、25ml 定容移液管 2 支、5ml 定容移液管 2 支、1ml 定容移液管 1 支、洗瓶、洗耳球。

试剂：KCl（A.R.）、乙酸溶液（$1mol \cdot dm^{-3}$）、去离子水。

五、实验步骤

1. 配制 KCl 溶液　用 25.0℃的去离子水精确配制浓度分别为 $0.1mol \cdot dm^{-3}$、$0.05mol \cdot dm^{-3}$、$0.01mol \cdot dm^{-3}$、$0.005mol \cdot dm^{-3}$、$0.001mol \cdot dm^{-3}$、$0.0005mol \cdot dm^{-3}$、$0.0001mol \cdot dm^{-3}$ 的 KCl 溶液，置于 25.0℃恒温水槽中恒温。

2. 电导电极的电导池常数测定　将电导率仪电源打开，仪器预热 10 分钟。将电导率仪上的“常数”旋钮置于 1.00，做满刻度校正。在 100ml 锥形瓶中放入适量的 $0.01mol \cdot dm^{-3}$ KCl 溶液，并置于 25.0℃恒温水槽中恒温。电导电极用 $0.01mol \cdot dm^{-3}$ KCl 溶液淋洗 3 次，然后置于已恒温的 KCl 溶液中，测得电导率 $\kappa_{测}$，根据附录 11 的数据计算电导池常数 K_{cell}。根据测得的电导池常数重新校正电导率仪，然后测定去离子水的电导率。

3. 在 25.0℃依次测定 $0.0001mol \cdot dm^{-3}$、$0.0005mol \cdot dm^{-3}$、$0.005mol \cdot dm^{-3}$、$0.001mol \cdot dm^{-3}$、$0.05mol \cdot dm^{-3}$、$0.01mol \cdot dm^{-3}$、$0.1mol \cdot dm^{-3}$KCl 溶液的电导率。

4. 配制 HAc 溶液　用 25.0℃的去离子水精确配制浓度分别为 $0.1mol \cdot dm^{-3}$、$0.05mol \cdot dm^{-3}$、$0.01mol \cdot dm^{-3}$、$0.005mol \cdot dm^{-3}$、$0.001mol \cdot dm^{-3}$、$0.0005mol \cdot dm^{-3}$、$0.0001mol \cdot dm^{-3}$ 的 HAc 溶液，置于 25.0℃恒温水槽中恒温。

5. 在 25.0℃依次测定 $0.0001mol \cdot dm^{-3}$、$0.0005mol \cdot dm^{-3}$、$0.005mol \cdot dm^{-3}$、$0.001mol \cdot dm^{-3}$、$0.05mol \cdot dm^{-3}$、$0.01mol \cdot dm^{-3}$、$0.1mol \cdot dm^{-3}$ HAc 溶液的电导率。

六、注意事项

1. 温度对电导有较大影响，所以整个实验必须在同一温度下进行。配制溶液用的去离子水，温度必须相同。因此，可以预先把去离子水装入锥形瓶，置于恒温槽中。

2. 测定时应按溶液从稀到浓的次序进行。由稀溶液到浓溶液时，可直接用滤纸吸干电极上的水分。如在浓溶液中测定后再测稀溶液，则必须用去离子水将电极清洗到空白电位，否则易增大实验误差。

七、数据记录与处理

1. 根据实验数据分别绘制 KCl 和 HAc 溶液的 $\kappa \sim c$ 曲线。

2. 计算各浓度溶液的摩尔电导率，绘制 KCl 和 HAc 溶液的 $\Lambda_m \sim c$ 曲线。

3. 以 KCl 溶液的 $\Lambda_m \sim \sqrt{c}$ 作图，拟合得到一条直线，由该直线与纵坐标的交点求出 25.0℃时 KCl 的极限摩尔电导率 Λ_∞。与文献值对比，并计算误差。

4. 以 HAc 的 $\frac{1}{\Lambda_m} \sim \Lambda_m \cdot c$ 作图，拟合得到一直线，由直线的截距求出 25.0℃时 HAc 的极限摩尔电导率，与文献数据计算值对比。根据实验数据求出 HAc 在各个浓度的解离度 α 和 25.0℃时电离过程经验平衡常数 K。

八、思考与讨论

1. 弱电解质溶液在浓度很稀时，几乎完全电离，为什么仍然不能用科尔劳施定律外推求出极限摩尔电导率？

2. 在什么情况下，实验测定的电导率数据必须扣除水的电导率值？

附录一 DDS-11D 型电导率仪的原理和使用方法

一、测量原理

仪器外露各器件及各调节器功能见附图 2-13-1。附图 2-13-2 为 DDS-11D 型电导率仪的构造和原理示意图。附图 2-13-2 中，A 为运算放大器，将幅度恒定的电压 E 加载到电导池的两个电极上，流过电解质溶液的电流 I_x 与溶液电阻 R_x 的关系符合欧姆定律：

$$R_x = \frac{E}{I_x} = \rho \cdot \frac{l}{A}$$

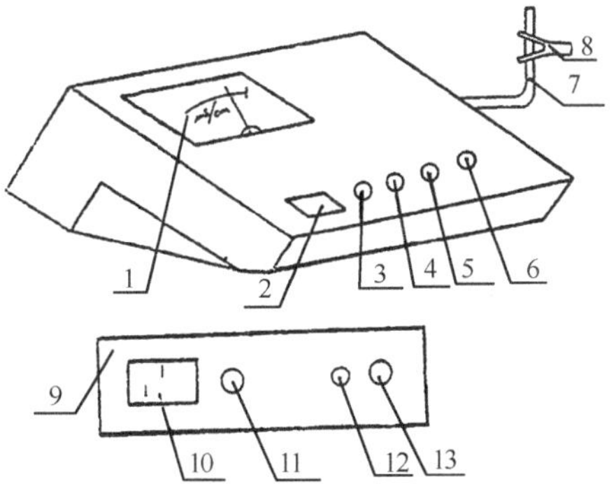

附图 2-13-1 DDS-11D 型电导率仪外形及各调节器功能

1—表头；2—电源开关；3—温度补偿调节器；4—常数补偿调节器；5—校正调节器；6—量程开关；7—电极支架；8—电极夹；9—后面板；10—电源插座；11—保险丝座；12—输出插口；13—电极插座

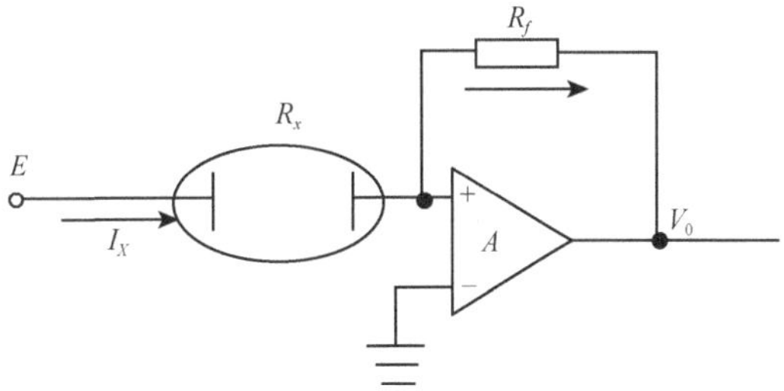

附图 2-13-2 DDS-11D 型电导率仪原理图

式中 ρ 为电解质溶液的电阻率，l 为两电极之间的距离（单位：cm），A 是两电极之间液柱的截面积（单位：cm^2）。对于同一个电极，l/A 是一个常数，称为电导池常数 $K_{池}$（单位：cm^{-1}）。由此得到：

$$\frac{E}{I_x}=\rho\cdot K_{池}$$

电解质溶液的电导率：

$$\kappa=\frac{1}{\rho}=\frac{I_x}{E}\cdot K_{池}=\frac{I_f}{E}\cdot K_{池}=\frac{K_{池}}{ER_f}\cdot V_0$$

在输入电压 E、反馈电阻 R_f 和电导池常数 $K_{池}$ 为定值时，被测物质的电导率与运算放大器的输出电压 V_0 成正比，因此只需测定 V_0 的大小就能够显示出电解质溶液电导率的高低。

附图 2-13-3 是电导率仪的电路框图，为降低极化作用及消除电导池电容性的影响，由振荡器产生幅值稳定的交流测量讯号，此讯号加于电导池后变换为电流讯号输入运放 A 的反相端，经过比例运算后将 R_x 的大小转换成电压输出讯号 V_0。V_0 经过检波后变为直流电压讯号，由电表指示出溶液的电导率。

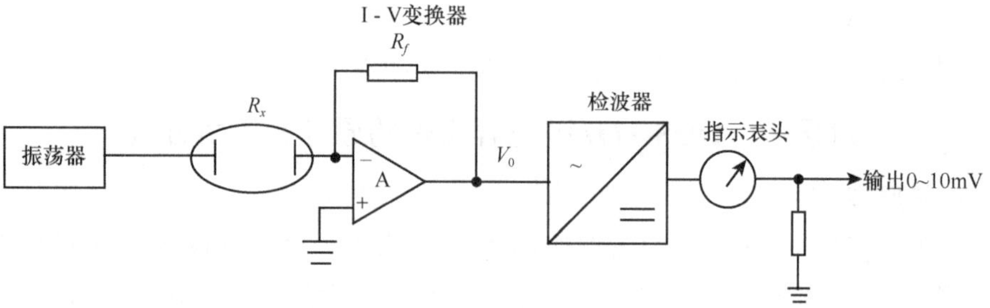

附图 2-13-3　DDS-11D 型电导率仪电路框图

二、使用方法

1. 电极的使用　按被测介质电阻率（电导率）的高低，选用不同常数的电极，并且测试方法也不同。一般当介质电阻率大于 10MΩ·m（小于 0.1μS · cm^{-1}）时，选用 0.01cm^{-1} 常数的电极且应将电极装在管道内流动测量。当电阻率大于 1MΩ·m（小于 1μS · cm^{-1}）小于 10MΩ·m（大于 0.1μS · cm^{-1}）时，选用 0.1cm^{-1} 常数的电极，任意状态下测量。当电导率在 1～100μS · cm^{-1} 时，选用常数为 1cm^{-1} 的 DJS-1C 型光亮电极。当电导率为 100～1000μS · cm^{-1} 时，选用 DJS-1C 型铂黑电极，任意状态下测量。当电导率大于 1000μS · cm^{-1} 时，选用 DJS-10C 型铂黑电极。

2. “温度补偿”旋钮　该旋钮的功能是将实验温度下测得的电导率换算成 25℃下的电导率。用温度计测出被测介质温度后，把“温度补偿”旋钮置于相应介质温度的刻度上，即可进行温度补偿；若把旋钮置于 25℃线上，仪器就不能进行温度补偿（无温度补偿方式）。若实测某确定温度下电解质溶液的电导率时，不可进行温度补偿。

3. 调节“常数”旋钮　即把旋钮置于与使用电极的常数相一致的位置上。不同型号的电导电极的常数设置方法如下。

（1）对 DJS-1C 型电极，若常数为 0.95，则调在 0.95 位置上。

（2）对 DJS-10C 型电极，若常数为 9.5，则调在 0.95 位置上。

（3）对 DJS-0.1C 型电极，若常数为 0.095，则调在 0.95 位置上。

（4）对 DJS-0.01C 型电极，若常数为 0.0095，则调在 0.95 位置上。

4. 把“量程”开关扳在“检查”位置，调节“校正”使电表指示满度。

5. 把“量程”开关扳在所需的测量档。如预先不知被测介质电导率的大小，应先把其扳在最大电导率档，然后逐档下降，以防表针打坏。

6. 把电极插头插入插座，使插头之凹槽对准插座之凸槽，然后用食指按一下插头之顶部，即可插入（拔出时捏住插头之下部，往上一拔即可），然后把电极浸入介质。

7. “量程”开关扳在黑点档，读表面上行刻度（0～1）；扳在红点档，读表面下行的刻度（0～3）。

三、注意事项

1. 在测量高纯水时应避免污染。

2. 若需要保证高纯水测量精度，应采用不补偿方式测量，利用查表而得。

3. 温度补偿采用固定的 2%的温度系数补偿，与精确值之间存在误差。

4. 为确保测量精度，电极使用前应用小于 0.5μS · cm^{-1} 的蒸馏水（或去离子水）冲洗 2 次，然后用被测试样冲洗 3 次后方可测量。

5. 电极插头、插座绝对禁止沾上水，以免造成不必要的测量误差。

6. 电极应定期进行常数标定。

附录二 电导池常数的测定法

测定步骤如下。

1. 清洗电极。

2. 配制标准溶液（配制的成分比例和标准电导率值见附表 10 和 11）。应注意：①KCl 应采用优级纯（GR），且需要在 220～240℃下烘干 2 小时，然后放入干燥器中冷却至室温；②配制溶液的蒸馏水或去离子水的电导率应不大于 0.2μS · cm^{-1}（25℃）；③应在 20±0.5℃的恒温槽中进行稀释和操作；④标准溶液应储存在密封玻璃瓶中或聚乙烯塑料瓶中室温保存，有效期 0.5～1 年。

3. 把电导电极接入电导率仪，温度补偿功能关闭，电导池常数设定为“1.00”并调节满刻度。控制溶液温度定值，把电极浸入标准溶液中，测出电导率 $\kappa_{测}$。按下式计算电极常数：

$$K_{cell}=\frac{\kappa_{标}+\kappa_{H_2O}}{\kappa_{测}}$$

式中 $\kappa_{标}$ 为已知溶液的电导率（查表），κ_{H_2O} 为配制 KCl 标准溶液所用高纯水的电导率。用测得的 K_{cell} 重新设定电导率仪的电导池常数并调节满刻度，再次测定上述标准溶液的电导率，并与文献数据对比。

附录三 DDB-303A 型电导率仪的使用方法

一、仪器主要技术性能及基本构造

DDB—303A 型电导率仪为便携式电导率测定设备，采用二节五号干电池供电，携带与操作方便。该仪器的测量范围为（0~10^5 μS · cm^{-1}）；仪器分成四档量程，各档量程间自动切换。四档量程分别为：0.00～19.99 μS · cm^{-1}；20.0～199.9 μS · cm^{-1}；200～1999 μS · cm^{-1}；

2000～10000 μS · cm^{-1}；10.0～100.0 mS · cm^{-1}（注：测量高电导率时，一般采用大常数的电导电极，当电导率≥10000 μS · cm^{-1}时，采用常数 10 的电导电极）。

DDB-303A 型便携式电导率仪的基本构造如附图 2-13-4 所示。

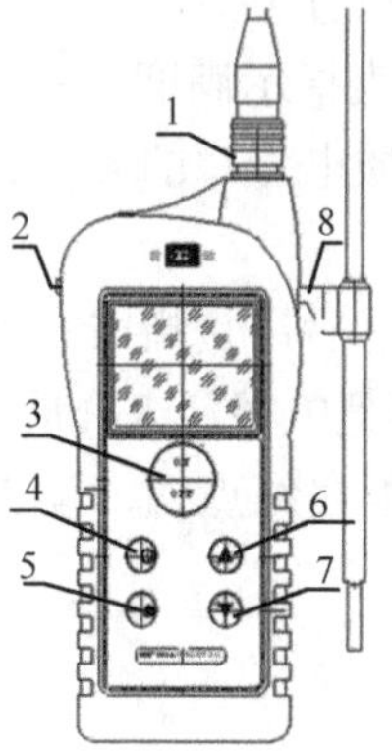

附图 2-13-4　DDB－303A 型便携式电导率仪外形及各调节器功能

1—电极插口；2—背光按钮；3—电源开关；4—模式键；5—确认键；6— 数字增加键；7—数字减小键；8—电极支架

二、仪器使用方法

1. 装入五号干电池二节，按“ON/OFF”开关，仪器进入测量状态，预热 15min。

2. 按被测介质电阻或电导率的高低选用不同常数的电极和不同的测量方式（注：在电导率测量过程中，正确选择电导电极常数，对获得较高的测量精度是非常重要的。可配用的常数为 0.01、1.0、10 三种不同类型电导电极。应根据测量范围选择相应常数的电导电极。对常数为 1.0、10 类型的电导电极有“光亮”和“铂黑”两种形式，镀铂电极习惯称作铂黑电极，对光亮电极其测量范围为 0～300μS·cm^{-1} 为宜）。

3. 在测量状态（右下角显示“MEAS”）下按“▲”或“▼”键进入溶液温度调节状态（“℃”指示符闪烁），再按“▲”或“▼”键调节温度显示值，按“确认”键退出温度调节状态，进入测量状态。

4. 对于电极常数为 1、10 和 0.01 的三种类型电极，其准确值在出厂时经严格校准，校准好的电极常数是一个常数值，并在电极上贴有标签（电极出厂时都贴有常数标签）。本仪器通过按“模式”键进入电极常数校准状态，显示“C=”，再按“▲”或“▼”键调节电极常数值，然后按“确认”键退出常数调节状态，进入测量状态。

调整方法：如常数为 0.95 的电极，则调节使数字显示为 0.950；如常数为 11 的电极，则调节使数字显示为 1.100；如常数为 0.012 的钛合金电极，则调节使数字显示为 1.200。

5. 按不同常数的测量电极校准好后，按“确认”键退出校准状态进入测量状态，把电极浸入溶液中，此时显示数值即为被测溶液的电导率值。

6. 用常数为 1 的电极测量时，仪器显示的数值就是被测溶液的实际电导率。用常数为 10 的电极测量时，显示的数值应再乘以 10 就是被测溶液的实际电导率。

三、注意事项

1. 在测量高纯水时应避免污染，最好采用密封、流动的测量方式。

2. 因温度补偿系采用固定的 2% 的温度系数补偿的，故对高纯水测量尽量采用不补偿方式（温度设置在 25℃）进行测量后查表。

3. 为确保测量精度，电极使用前应用小于 0.5μS · cm^{-1} 的蒸馏水（或去离子水）冲洗二次，然后用被测试样冲洗三次方可测量。

4. 电极插头座绝对防止受潮，以造成不必要的测量误差。

5. 电极应定期进行常数标定。

6. 仪器长期不用时应将电池取出；在使用中如显示屏左上角出现“LOBAT”符号时或数显示不稳时应更换电池。

7. 背光按钮供夜间使用，使用背光将增加功耗降低电池使用寿命，一般不在夜间使用建议不要按背光按钮。

四、电导电极常数直接标定方法

1. 清洗电极。

2. 配制校准溶液，配制的成分比例和标准电导率见附表 11。

3. 把电导池接入电桥（或电导仪）。控制溶液温度为(25±0.1)℃。把电极浸入校准溶液中。

4. 按“▲”或“▼”调节温度为 25℃，按“确认”键进入测量状态显示电导率值，和标准电导率比较后按“模式”键进入电极常数校准状态，再按“▲”或“▼”调节电极常数，然后按“确认”键后显示的电导率值和标准值一致，则“C=”即为该电导电极常数值。

实验 14　原电池电动势的测定

一、实验目的

1. 掌握对消法测量电动势的原理及电位差计测定电池电动势的方法。

2. 加深对原电池、电极电势、电池电动势等概念的理解。

二、预习要求

阅读附录，了解电位差计的原理及使用方法。

三、实验原理

电池由正、负两极组成，电池在放电过程中，正极起还原作用，负极起氧化作用，电池内部还可能发生其他反应（如发生离子迁移），电池反应是所有反应的总和。原电池的电动势主要是两个电极的电极电势的代数和，如能测得两个电极的电极电势，就可计算由它们组成的电池的电动势。以甘汞电极与银电极组成的电池为例进行分析：

电池结构　　$\mathrm{Hg}(l), \mathrm{Hg_2Cl_2}(s) \mid \mathrm{KCl}(饱和) \parallel \mathrm{AgNO_3}(a_{\mathrm{Ag^+}}) \mid \mathrm{Ag}(s)$

银电极的反应　　$2\mathrm{Ag^+} + 2\mathrm{e^-} \longrightarrow 2\,\mathrm{Ag}(s)$

甘汞电极的反应　　$2\mathrm{Hg}(s) - 2\mathrm{e^-} + 2\mathrm{Cl^-} \longrightarrow \mathrm{Hg_2Cl_2}(s)$

电池的电动势　　$E = \phi_{\mathrm{Ag^+,Ag}} - \phi_{\mathrm{Hg_2Cl_2,Hg}}$

电极电势　　$\phi_{\mathrm{Ag^+,Ag}} = \phi^{\Theta}_{\mathrm{Ag^+,Ag}} - \dfrac{RT}{F}\ln\dfrac{a_{\mathrm{Ag}}}{a_{\mathrm{Ag^+}}}$

$$\phi_{\mathrm{Hg_2Cl_2,Hg}} = 0.2412-6.61\times10^{-4}(t-25)-1.75\times10^{-6}(t-25)^2-9.0\times10^{-10}(t-25)^3$$

式中，$\phi^{\Theta}_{\mathrm{Ag^+,Ag}}$ 为银电极在 $a_{\mathrm{Ag^+}}=1$ 且达到平衡时的电极电势，即为该电极的标准电极电势。但必须注意，首先要求电池反应本身是可逆的，即要求电池电极反应是可逆的，且不存在任何不可逆的液接界。同时要求电池必须在可逆情况下工作，即放电和充电过程都必须在准平衡状态下进行，此时只允许无限小的电流通过电池。

在进行电池电动势测量时，为了使电池反应在接近热力学可逆条件下进行，原电池电动势不能直接用伏特计来测量，因为电池与伏特计接通后有电流通过，在电池两极上会发生极化现象，使电极偏离平衡状态。另外，电池本身有内阻，伏特计所量得的仅是不可逆电池的端电压。准确测定电池的电动势只能在无电流（或极小电流）通过电池的情况下进

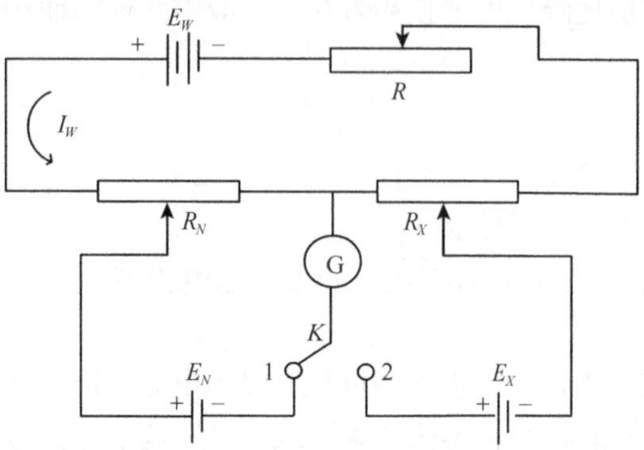

图 2-14-1 对消法电路图

行，需用对消法测定原电池电动势。原理：在待测电池上并联一个大小相等，方向相反的外加电势差，这样待测电池中没有电流通过，外加电势差的大小即等于待测电池的电动势（图 2-14-1）。

数字电位差综合测试仪是利用对消法原理进行电势差测量的仪器，即能在电池无电流（或极小电流）通过时测得其两极的电势差，这时的电势差就是电池的电动势。

四、仪器与试剂

仪器：SDC 数字电位差综合测试仪、饱和甘汞电极、银电极。

试剂：0.1mol · L^{-1} $AgNO_3$ 溶液、0.01mol · L^{-1} $AgNO_3$ 溶液。

五、实验步骤

1. 按规定接好电位差计测量电池电动势的线路（SDC 数字电位差综合测试仪的使用方法参见附录）。

2. 根据标准电池电动势与温度的关系公式，计算出室温下标准电池的电动势值。

3. 按所得标准电池电动势标定电位差计的工作电流。

4. 测定下列电池的电动势

（1）饱和甘汞电极 ‖ $AgNO_3$（0.1000mol · L^{-1}）| Ag（s）。

（2）饱和甘汞电极 ‖ $AgNO_3$（0.01000mol · L^{-1}）| Ag（s）。

六、注意事项

1. 连接电路时，正、负极切勿接反。

2. 测量要迅速，以防止过多电量通过电池造成严重极化现象，破坏电池的可逆状态。

七、数据记录与处理

1. 按饱和甘汞电极的电极电势温度校正公式，计算室温时饱和甘汞电极的电极电势。

2. 计算电池电动势的理论值

3. 已知在 25℃时 0.1000mol · L^{-1} $AgNO_3$ 溶液中 Ag^+ 的平均活度系数为 0.734，0.0100mol · L^{-1} $AgNO_3$ 溶液中 Ag^+ 的平均活度系数为 0.90（可以代替实验温度时的平均活度系数），由测得的原电池的电动势计算银电极的标准电极电势，并与物理化学数据手册上所得的标准电极电势数据进行比较。

八、思考与讨论

1. 为什么不能用伏特计测量电池电动势？

2. 对消法测量电池电动势的主要原理是什么？

附录 SDC 数字电位差综合测试仪

一、仪器特点

1. 一体设计：将 UJ 系列电位差计、光电检流计、标准电池等集为一体，体积小、重量轻、便于携带。

2. 数字显示：电位差值六位显示，数值直观清晰、准确可靠。

3. 内外基准：即可使用内部基准进行测量，又可外接标准电池作基准进行测量，使用方便灵活。

4. 误差较小：保留电位差计测量功能，真实体现电位差计对比检测误差微小的优势。

5. 性能可靠：电路采用对称漂移抵消原理，克服了原器件的温漂和时漂，提高测量的准确度。

二、使用方法

（一）开机

用电源线将仪表后面板的电源插座与～220V 电源连接，打开电源开关（ON），预热 15 分钟。

（二）以内标为基准进行测量

1. 校验

（1）用测试线将被测电动势按“+”、“–”极性与“测量插孔”连接。

（2）将“测量/选择”旋钮置于“内标”。

（3）将“10^0”位旋钮置于“1”，“补偿”旋钮逆时针旋到底，其他旋钮均置于“0”，此时，电位指示显示“1.000 00”V。

（4）待“检零指示”显示数值稳定后，按一下“采零”键，此时，检零指示应显示“0000”。

2. 测量

（1）将“测量/选择”旋钮置于“测量”。

（2）调节“10^0～10^{-4}”五个旋钮，使“检零指示”显示数值为负且绝对值最小。

（3）调节“补偿旋钮”使“检零指示”显示为“0000”，此时，“电位显示”数值即为被测电动势的值。

（三）以外标为基准进行测量

1. 校验

（1）将已知电动势的标准电池按“+”“–”极性与“外接插孔”连接。

（2）将“测量选择”旋钮置于“外标”。

（3）调节“10^0 ～10^{-4}”五个旋钮“和“补偿”旋钮，使“电位指示”显示的数值与外标电池数值相同。

（4）待“检零指示”显示数值稳定后，按一下“采零”键，此时，检零指示应显示“0000”。

2. 测量

（1）拔出“外标插孔”的测试线。再用测试线将被测电动势按“+”“–”极性接入“测量插孔”。

（2）将“测量/选择”旋钮置于“测量”。

（3）调节“10^0～10^{-4}”五个旋钮”，使“检零指示”显示数值为负且绝对值最小。

（4）调节“补偿旋钮”使“检零指示”显示为“0000”，此时，“电位显示”数值即为被测电动势的值。

（四）关机：首先关闭电源开关（OFF），然后拔下电源线

实验 15　电动势法测定化学反应的热力学函数

一、实验目的

1. 掌握电动势法测定化学反应热力学函数的原理和方法。
2. 掌握电位差计的原理和使用方法。
3. 测定反应 Ag（*s*）+1/2Hg_2Cl_2（*s*）$\longrightarrow$ AgCl（*s*）+Hg（*l*）的热力学函数。

二、实验原理

1. 测定可逆电池的电动势求算电池反应的热力学函数　在可逆电池中，恒温恒压下，化学反应的摩尔吉布斯函数变化 $\Delta_r G_m$ 与可逆电池电动势之间存在如下关系：

$$\Delta_r G_m = -zEF \tag{2-15-1}$$

式中 z 为电池反应中电子转移数量，F 为法拉第常数，E 为反应温度下的可逆电池电动势。

该温度下，电池反应的摩尔熵变 $\Delta_r S_m$ 可根据吉布斯-亥姆霍兹公式求得：

$$\left[\frac{\partial \Delta_r G_m}{\partial T}\right]_p = -\Delta_r S_m \tag{2-15-2}$$

将式（2-15-1）代入上式得：

$$\Delta_r S_m = zF\left(\frac{\partial E}{\partial T}\right)_p \tag{2-15-3}$$

式中 $\left(\frac{\partial E}{\partial T}\right)_p$ 称为电池电动势的温度系数，可通过测定电池在不同温度下的电动势求得。

反应的摩尔焓变 $\Delta_r H_m$ 可由热力学关系式 $\Delta_r G_m = \Delta_r H_m - T\Delta_r S_m$ 和式（2-15-1）及式（2-15-3）求出：

$$\Delta_r H_m = -zEf + zFT\left(\frac{\partial E}{\partial T}\right)_p \tag{2-15-4}$$

2. 电位差计的工作原理　测定电动势必须用电位差计，它采用对消法（或称补偿法）原理，在无电流通过的情况下测得电动势，其工作原理见图 2-15-1。首先根据实验温度，调整标准电阻 R_N 值，接通标准电池 E_N，调整工作电阻 R_w，使验流计 G 指零，即对消 E_N，此时工作电流是个定值：$I = \frac{E_N}{R_N} = 常数$。然后接通待测电池 E_x，调整电阻 R_x，使验流计 G 指零，此时待测电池电动势 E_x 等于电阻 R_x 两端的电压降：$E_x = IR_x = 常数 \times R_x$，$R_x$ 在电位差计上直接表示为电动势值。

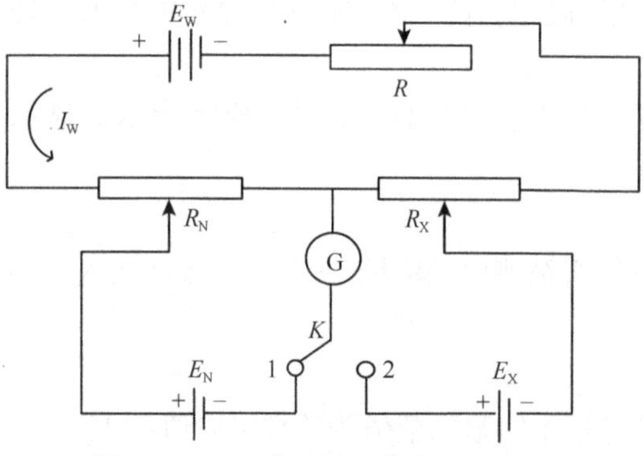

图 2-15-1　电位差计工作原理示意图

3. 将化学反应设计成可逆电池　本实验测定的化学反应为 Ag（*s*）+1/2Hg_2Cl_2（*s*）

$\rightarrow AgCl(s)+Hg(l)$，将该反应设计成电池：

负极　　　$Ag(s)+Cl^-(a) \longrightarrow AgCl(s)+e^-$

正极　　　$1/2Hg_2Cl_2(s)+e^- \longrightarrow Hg(l)+Cl^-(a)$

电池组成　$Ag(s)|AgCl(s)|KCl(0.1mol \cdot L^{-1})|Hg_2Cl_2(s)|Hg(s)$

因此，用银-氯化银电极为负极，甘汞电极为正极，以 KCl 溶液为电解质溶液组成可逆电池，通过测定电池的电动势值来计算反应的热力学函数。

三、仪器和试剂

仪器：电位差计及附件，超级恒温水浴，恒温夹套，反应器与磁力搅拌器，银-氯化银电极，饱和甘汞电极。

试剂：KCl（A.R.）。

四、实验步骤

1. 按图 2-15-2 组成电池，并接入电位差计（电位差计的使用方法参考实验 14）。

2. 分别在 298K、303K、308K、313K、318K 下测定电池电动势。

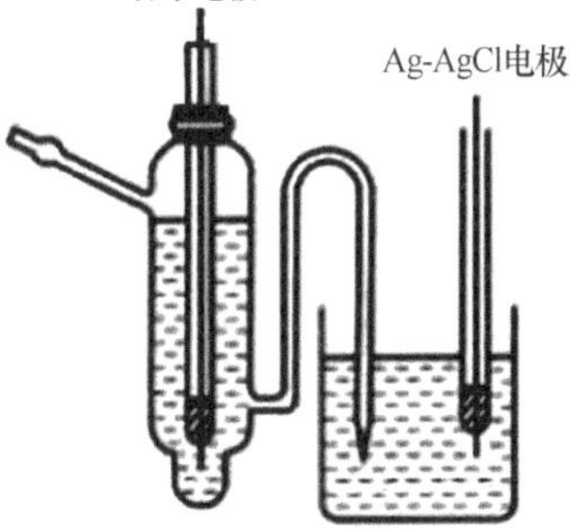

图 2-15-2　电池组成图

五、注意事项

1. 测定电池电动势时，确保氯化钾溶液到达饱和。

2. 测定开始时，电池电动势值不太稳定，因此需每隔一定时间测定一次，直至稳定时为止。

六、数据记录与处理

1. 实验数据记录见表 2-15-1。

表 2-15-1　实验数据记录

标准电池温度：________℃；标准电池电动势：________V

测定序号	电池温度 t/℃	电池温度 T/K	电池电动势 E/V
1			
2			
3			
4			
5			

2. 作 $E \sim T$ 关系曲线，求出电池电动势的温度系数 $\left(\frac{\partial E}{\partial T}\right)_p$。

3. 根据 298K 时电池电动势 E 计算该温度下反应的 $\Delta_r G_m$、$\Delta_r S_m$ 和 $\Delta_r H_m$。

七、思考与讨论

1. 上述电池电动势与电池中氯化钾的浓度是否有关？为什么？

2. 如果待测电池的正负极接反，会产生什么后果？

3. 如何用电动势法测定电池反应的平衡常数？

实验 16 乙酸乙酯皂化反应速率常数的测定

一、实验目的

1. 用电导法测定乙酸乙酯皂化反应速率常数。

2. 了解二级反应动力学特点，学会用图解法求二级反应的速率常数，并计算反应活化能。

3. 掌握电导率仪和恒温槽的使用方法。

二、预习要求

1. 了解电导法测定化学反应速率常数的原理。

2. 了解用图解法求二级反应的速率常数及计算反应的活化能的方法。

3. 阅读实验 13 附录，了解电导率仪的使用方法及注意事项。

三、实验原理

乙酸乙酯皂化反应是个典型的二级反应，其反应方程式为：

$$CH_3COOC_2H_5 + Na^+ + OH^- \rightarrow CH_3COO^- + Na^+ + C_2H_5OH$$

当乙酸乙酯与氢氧化钠溶液的起始浓度相同时，如均为 a，则反应速率表示为：

$$\frac{dx}{dt} = k(\alpha - x)^2 \qquad (2\text{-}16\text{-}1)$$

式中，x 为反应时间 t 时反应物消耗掉的浓度，k 为反应速率常数。将上式积分得：

$$\frac{x}{\alpha(\alpha - x)} = kt \qquad (2\text{-}16\text{-}2)$$

若起始浓度 α 为已知，只要由实验测得不同时间 t 时的 x 值，以 $\frac{x}{(\alpha - x)}$ 对 t 作图，应得一直线，从直线的斜率便可求出 k 值。

乙酸乙酯皂化反应中，参与导电的离子有 OH^-、Na^+和 CH_3COO^-，由于反应体系是很稀的水溶液，可认为 CH_3COONa 是全部电离的，因此，反应前后 Na^+的浓度不变，随着反应的进行，仅仅是导电能力很强的 OH^-离子逐渐被导电能力弱的 CH_3COO^-离子所取代，致使溶液的电导逐渐减小。因此，可用电导率仪测量皂化反应进程中电导率随时间的变化，从而达到跟踪反应物浓度随时间变化的目的。

令 G_0 为 $t = 0$ 时（反应起始时刻）溶液的电导，G_t 为时间 t 时混合溶液的电导，G_∞为 $t=\infty$时（反应完毕）溶液的电导。则稀溶液中，电导值的减少量与 CH_3COO^- 浓度成正比，设 k 为比例常数，则：

$$t = t\text{时}，x = x，x = k（G_0 - G_t）$$

$$t = \infty\text{时}，x \rightarrow a，a = k（G_0 - G_\infty）$$

由此可得： $a - x = k（G_t - G_\infty）$

所以（2-16-2）式中的 $a-x$ 和 x 可以用溶液相应的电导表示，将上式代入（2-16-2）得：

$$\frac{1}{a} \cdot \frac{G_0 - G_t}{G_t - G_\infty} = kt$$

可改写为：

$$G_t = \frac{1}{ak} \cdot \frac{G_0 - G_t}{t} + G_\infty \qquad (2\text{-}16\text{-}3)$$

因此，只要测得不同时间溶液的电导值 G_t 和起始溶液的电导值 G_0，然后以 G_t 对 $\frac{G_0-G_t}{t}$ 作图应得一直线，直线的斜率为 $\frac{1}{ak}$，由此便可求出某温度下的反应速率常数 k 值。将电导与电导率 κ 的关系式 $G=\kappa\frac{A}{l}$ 代入（2-16-3）得：

$$\kappa_t=\frac{1}{ak}\cdot\frac{\kappa_0-\kappa_t}{t}+\kappa_\infty \tag{2-16-4}$$

通过实验测定不同时间下溶液的电导率 κ_t 和起始溶液的电导率 κ_0，以 κ_t 对 $\frac{\kappa_0-\kappa_t}{t}$ 作图，也得一直线，从直线的斜率也可求出反应速率数 k 值。如果知道不同温度下的反应速率常数 $k(T_1)$ 和 $k(T_2)$，根据下列 Arrhenius 公式，可计算出该反应的活化能 E_a 和反应半衰期 $t_{1/2}$。

$$\ln\frac{k(T_2)}{k(T_1)}=\frac{E_a}{R}\left(\frac{1}{T_1}-\frac{1}{T_2}\right) \tag{2-16-5}$$

四、仪器与试剂

仪器：数字电导率仪（附铂黑电极）、电导池、恒温水浴、停表、移液管（50ml）、移液管（1ml）、容量瓶（250ml）、具塞锥形瓶（200ml）。

试剂：NaOH 水溶液（$0.0200\text{mol}\cdot\text{dm}^{-3}$）、乙酸乙酯（A.R.）、电导水。

五、实验步骤

1. 调节恒温槽　将恒温槽的温度调至（25.0±0.1）℃。

2. 配制溶液　配制与 NaOH 准确浓度（约 $0.0200\text{mol}\cdot\text{dm}^{-3}$）相等的乙酸乙酯溶液。其方法是：查室温下乙酸乙酯的密度，进而计算出配制 250ml $0.0200\text{mol}\cdot\text{dm}^{-3}$（与 NaOH 准确浓度相同）的乙酸乙酯水溶液所需的乙酸乙酯的毫升数 V，然后用 1ml 移液管吸取 Vml 乙酸乙酯注入 250ml 容量瓶中，稀释至刻度，即为 $0.0200\text{mol}\cdot\text{dm}^{-3}$ 的乙酸乙酯水溶液。

3. 调节电导率仪（参见实验 13）。

4. 溶液起始电导率 κ_0 测定　在干燥的 200ml 锥形瓶中，用移液管加入上述 50ml $0.0200\text{mol}\cdot\text{dm}^{-3}$ 的 NaOH 溶液和同数量的电导水，混合均匀后，倒出少量溶液洗涤电导池和电极，然后将剩余溶液倒入电导池（盖过电极上沿约 2cm），恒温约 15 分钟，并轻轻摇动数次，然后将电极插入溶液，测定溶液电导率，直至不变为止，此数值即为 κ_0。

5. 反应过程中电导率 κ_t 的测定　用移液管移取 $0.0200\text{mol}\cdot\text{dm}^{-3}$（50ml）的 $CH_3COOC_2H_5$ 溶液，加入干燥的 200ml 锥形瓶中，用另一只移液管量取 $0.0200\text{mol}\cdot\text{dm}^{-3}$（50ml）的 NaOH，加入另一干燥的 200ml 锥形瓶中，在恒温的情况下混合两溶液，摇匀，同时开动停表，记录反应时间（注意停表一经打开切勿按停，直至全部实验结束），并用少量溶液洗涤电导池和电极，然后将溶液倒入电导池（溶液高度同前），测定溶液的电导率 κ_t，分别在 4、6、8、10、12、15、20、25、30、35、40 分钟各测电导率一次，记下 κ_t 和对应的时间 t。

6. 另一温度下 κ_0 和 κ_t 的测定　调节恒温槽温度为（35.0±0.1）℃。重复上述 4、5 步骤，测定另一温度下的 κ_0 和 κ_t。但在测定 κ_t 时，按反应进行 4、6、8、10、12、15、18、

21、24、27、30 分钟时测其电导率。

7. 实验结束后，关闭电源，取出电极，用电导水洗净并置于电导水中保存。

六、注意事项

1. 本实验需用电导水，并避免接触空气及灰尘杂质落入。
2. 配好的 NaOH 溶液要防止空气中的 CO_2 气体进入。
3. 乙酸乙酯溶液和 NaOH 溶液浓度必须相同。
4. 乙酸乙酯溶液需临时配制，配制时动作要迅速，以减少挥发损失。
5. 不可用纸擦拭电导电极上的铂黑。

七、数据记录与处理

1. 将 t，κ_t，$\dfrac{\kappa_0-\kappa_t}{t}$ 数据列表。
2. 以两个温度下的 κ_t 对 $\dfrac{\kappa_0-\kappa_t}{t}$ 作图，分别得一直线。
3. 由直线的斜率计算各温度下的速率常数 k 和反应半衰期 $t_{1/2}$。
4. 由两温度下的速率常数及温度数值，按 Arrhenius 公式，计算乙酸乙酯皂化反应的活化能 E_a。

八、思考与讨论

1. 为何本实验要在恒温条件下进行?而且反应物在混合前必须预先恒温?
2. 如果 NaOH 和 $CH_3COOC_2H_5$ 溶液的起始浓度不相等，试问应该怎样计算 k 值?
3. 如果 NaOH 和 $CH_3COOC_2H_5$ 溶液为浓溶液，能否用此法求 k 值？为什么?

实验 17　胶体制备和电泳

一、实验目的

1. 采用水解凝聚法制备 $Fe(OH)_3$ 溶胶。
2. 用电泳法测定 $Fe(OH)_3$ 溶胶带电性质及其电动电位。

二、实验原理

胶体制备常用分散法和凝聚法。本实验是用水解凝聚法制备 $Fe(OH)_3$ 溶胶。刚制成的溶胶常含有其他杂质，必须纯化。本实验采用半透膜渗析法，利用胶体与其他物质的分散程度的差异而分离。为了加快渗析速度，可用热渗析和电渗析方法。

胶粒表面由于电离或吸附离子而带电荷，在胶粒周围形成带等量异电荷的溶剂化层。溶剂化层界面与介质内部形成的电位差称电动电势或 ζ 电势。它是表征胶体的重要物理量之一，其数值与胶体性质、介质及溶胶浓度有关。

胶体的 ζ 电势可根据亥姆霍兹方程式计算：

$$\zeta=\frac{3.6\times10^{10}\pi\eta u}{\varepsilon H}$$

式中，H 称为电位梯度（$V\cdot m^{-1}$），$H=E/l$；E 为外加电场的电压（V）；l 是两极间的距离（m）；η 是液体介质的黏度（$Pa\cdot s$）；ε 为液体的介电常数；u 为电泳速度（即相对移动速度，$m\cdot s^{-1}$）。

原则上，任何一种胶体的电动现象（电渗、电泳、流动电势、沉降电势）都可以用来测定 ζ 电势，但最方便的是用电泳现象来测定。

电泳法又分为两类，即宏观法和微观法。宏观法是观察溶胶与另一不含胶粒的导电液体的界面在电场中的移动速率。微观法则是直接观察单个胶粒在电场中的移动速率。对高分散的溶胶（如As_2S_3、Fe_2O_3溶胶）或过于浓的溶胶，不易观察个别粒子的运动，只能用宏观法。对于颜色太浅或浓度过稀的溶胶，则适宜用微观法。测定$Fe(OH)_3$溶胶的电泳法是应用宏观电泳法的典型例子，电泳仪示意图见图 2-17-1。

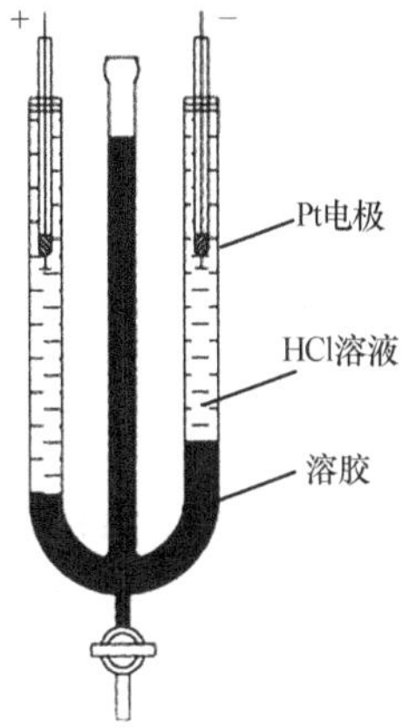

图 2-17-1 电泳仪示意图

三、仪器与试剂

仪器：电泳仪、电导率仪、稳压电源、停表、铂电极、三颈烧瓶、量筒、烧杯、锥形瓶。

试剂：$FeCl_3$溶液（10%）、辅助液（与溶胶电导率相同）、火棉胶溶液（5%）、稀盐酸、硝酸银溶液（1%）等。

四、实验步骤

1. $Fe(OH)_3$溶胶的制备　在 250ml 烧杯中，盛蒸馏水 100ml，加热至沸，在搅拌条件下滴加 10% $FeCl_3$ 10ml，再煮沸 2 分钟，即得$Fe(OH)_3$棕色溶胶。

2. 胶体溶液的纯化

（1）半透膜的制备：在 100ml 干燥的短颈锥形瓶中，倒入约 10ml 5%的火棉胶溶液，小心转动瓶子，使其在瓶壁形成均匀的薄膜，倾倒出多余的火棉胶溶液于回收瓶中，把锥形瓶倒置在铁圈上，让剩余的火棉胶溶液流尽，并使乙醚挥发完。用手指轻触火棉胶，不粘手时，在瓶内加满蒸馏水溶去剩余的乙醇。几分钟后，倒去瓶中的水，再在瓶口剥开一部分膜，在膜与瓶壁之间注入蒸馏水，使膜与壁分离，并检查是否漏水，取出成型的膜袋泡入蒸馏水中备用。

（2）溶胶的渗析：将制得的$Fe(OH)_3$溶胶倒入火棉胶袋中，用线扎好袋口，将其置于 2～3 倍溶胶体积的蒸馏水中，使水温保持在 60～70℃进行热渗析。每隔半小时换一次水，直至水中用硝酸银溶液检测不出Cl^-为止。

3. $Fe(OH)_3$溶胶的ζ电位测定　洗净电泳管，关闭活塞，用滴管沿漏斗徐徐注入净化后的$Fe(OH)_3$溶胶（注意不得有气泡）。再由 U 形管上口加入适量辅助液（电导率与溶胶相等的 HCl）至支管口。将两个电极分别插入 U 形管中，其深度相等。缓慢打开旋塞，使溶胶慢慢上升至适当高度，关闭旋塞，记下胶体液面高度。将电泳仪的电压输出旋钮按箭头方向调节至输出最小位置（旋到底），电流输出旋钮调至最大位置。然后打开电泳仪的电源开关，预热 10 分钟。分别将电泳管的两个铂电极接在电泳仪输出端的“+”“−”端上，调节工作电压在 45V 以内，记下电压数值。打开活塞开始计时，准确记录界面移动 0.5cm、1cm、1.5cm、2cm 所需的时间。测定完毕关闭电源，用线测量出两电极间的距离 l，计算ζ电势。

五、注意事项

1. 火棉胶溶液是硝化纤维素的乙醇、乙醚混合溶液，要远离火焰。
2. 也可用简便的玻璃纸代替火棉胶蒙在广口瓶上进行渗析。
3. 打开旋塞的速度越慢越好，以免搅浑液面。一旦液面浑浊，须重做。
4. 整个测量过程注意保持平稳，不使电泳管受震动。

六、数据记录与处理

1. 由胶体在电泳时的移动方向，确定胶粒所带电荷。

2. 由在时间 t 内界面移动的距离 s 值，求出 s/t，并取平均值（或作 $s \sim t$ 图，求出斜率）计算 ζ 电势。

3. 求 ζ 时，η 和 ε 值均用水的相应值代替。水的介电常数 $\varepsilon = 80-0.4\times(T-293)$，$T$ 为实验绝对温度。

七、思考与讨论

1. 写出 $Fe(OH)_3$ 胶团的结构式，并解释其电荷性质。

2. 电泳时辅助液的选择应根据哪些条件？

附录　DYY-7C 电泳仪使用说明

1. 接通电源，按颜色接好电泳槽与电泳仪的连接导线，并装入电泳样品，开启“电源开关”。

2. 设置参数。通过按“选择”键，可以在电压，电流，时间间进行切换，按“上”“下”键可以改变设定值。一般情况下，设定输出参数的原则是：先设定要稳定的参数值（稳压或恒流），再将另一参数设定在安全的高限。

3. 按“启/停”键，启动输出。此时，仪器鸣响 3 声，输出指示灯亮。当输出稳定后，“稳压/稳流”由 U、I 是否闪烁表示，并显示实际的参数。

4. 在电泳过程中，按“选择”键，可以查看并改变设定值，修改后，8 秒内不按任何键，则自动返回。

5. 仪器正常输出若要停机，可按“启/停”键，此时显示 stop，并反复鸣响，再按“选择”键，仪器停止鸣响。如希望继续工作，选择“go on”，定时时间继续累加；选择“start”，计时重新开始。

6. 定时结束时，显示“time out”，并反复鸣响，但此时输出始终未关，须用户手动停机。如果用户希望继续工作，可按“选择”键，仪器停止鸣响。

7. 本机接 2 个以上电泳槽时，电流显示各槽电流之和，应选择稳压工作方式为宜。

8. 工作中出现以下显示信息的含义：①“stop”，停机；②“over-load”，过载停机；③“over-U/I”，电压电流超限，此时应检查输出回路是否存在故障。在 6 秒内恢复正常，则可继续使用，否则停机。

注意事项：

1. 请勿将电泳槽放在电泳仪上操作，严禁溅入电解质溶液。万一溶液进入电泳仪，切勿接电源。

2. 本机输出电压较高，开机后人体不宜与电泳槽溶液或样品接触，最好关机后再看样品。

3. 本机的散热处在后面，因此，在工作时应保证后面板的通风。

实验 18　蔗糖水解反应速率常数的测定

一、实验目的

1. 利用物理分析法（借旋光度改变）测定蔗糖水解反应速率常数 k 及半衰期 $t_{1/2}$。

2. 掌握准一级反应的动力学特点。

3. 了解旋光仪的基本原理及使用方法。

二、预习要求

1. 了解实验原理，熟悉实验步骤。

2. 阅读附录，了解旋光仪的原理，熟悉使用方法和注意事项。

三、实验原理

蔗糖转化反应的方程式为：

$$\underset{(\text{蔗糖})}{C_{12}H_{22}O_{11}} + H_2O \xrightarrow{H^+} \underset{(\text{葡萄糖})}{C_6H_{12}O_6} + \underset{(\text{果糖})}{C_6H_{12}O_6}$$

蔗糖在纯水中水解速率很慢，但是在催化剂作用下会迅速加快。常用的催化剂有 H^+ 和蔗糖酶等，其反应速率大小不仅与催化剂种类有关，也与催化剂的浓度有关。

蔗糖转化反应是一个复杂反应，反应速率方程可以表示为：

$$-\frac{dc}{dt} = k[C_{12}H_{22}O_{11}]^{\alpha}[H_2O]^{\beta}[H^+]^{\gamma}$$

式中，c 表示蔗糖的浓度。研究表明，$\alpha=1$、$\beta=6$、$\gamma=1$，因此蔗糖转化反应实际上是一个八级反应。

但在实验中，水和 H^+ 往往大大过量，因此可以认为反应过程中两者的浓度不变。因此可将上述反应速率方程写成如下形式：

$$-\frac{dc}{dt} = k[C_{12}H_{22}O_{11}] \tag{2-18-1}$$

此时的 k 称为表观速率常数，即通过实验测定的蔗糖转化反应的速率常数。因此，蔗糖转化反应可看作假一级反应（或称准一级反应）。上式积分可得蔗糖浓度 c 与反应时间 t 的关系为：

$$\ln c = \ln c_0 - kt \tag{2-18-2}$$

式中，c_0 为反应开始时反应物浓度。

当 $c=\frac{1}{2}c_0$ 时，时间 t 可以用 $t_{1/2}$ 表示，即为反应的半衰期：

$$t_{1/2} = \frac{\ln 2}{k} = \frac{0.693}{k} \tag{2-18-3}$$

式（2-18-3）表明一级反应的半衰期只决定于反应速率常数 k，而与反应物起始浓度无关，这是一级动力学反应的特点。同时，从（2-18-2）式可以看出，在不同时间测定反应物的相应浓度，并以 $\ln c$ 对 t 作图，可得一直线，由直线斜率即可求得反应速率常数 k。然而反应是在不断进行的，要快速分析出反应物的浓度是困难的。因此，找到一种合适的测定方法是关键。

蔗糖及其水解产物均为旋光物质，而且它们的旋光能力不同，故可以利用体系在反应进程中旋光度的变化来度量反应的进程。

测量物性旋光度所用的仪器称为旋光仪。溶液的旋光度 α 与反应物浓度 c 呈线性关系，即：

$$\alpha = k \cdot c \tag{2-18-4}$$

式中比例常数 k 与物质的旋光能力、溶剂性质、样品管长度、温度等有关。

物质的旋光能力用比旋光度来度量。比旋光度可用下式表示：

$$[\alpha]_D^{20}=\frac{\alpha\times 100}{l\cdot c_A} \qquad (2\text{-}18\text{-}5)$$

式中$[\alpha]_D^{20}$右上角的“20”表示实验温度为20℃，D是指旋光仪所采用的钠灯光源D线的波长（589nm），α为测得的旋光度（°），l为样品管（旋光管）长度（dm），c_A为浓度（g/100ml）。

蔗糖是右旋性物质，其比旋光度$[\alpha]_D^{20}$=66.6°，生成物中葡萄糖也是右旋性物质，其比旋光度$[\alpha]_D^{20}$=52.5°，但果糖是左旋性物质，其比旋光度为$[\alpha]_D^{20}$=−91.9°。因此，在反应过程中，溶液的旋光度先是右旋的，随着反应的进行右旋角度不断减小，过零后再变成左旋，直至蔗糖完全转化，左旋角度达到最大值α_∞。

设最初物系的旋光度为：

$$\alpha_0=k_{反应物}c_0 \quad (t=0，蔗糖尚未转化) \qquad (2\text{-}18\text{-}6)$$

最终物系的旋光度为：

$$\alpha_\infty=k_{生成物}c_0 \quad (t=\infty，蔗糖全部转化) \qquad (2\text{-}18\text{-}7)$$

两式中$k_反$和$k_生$为旋光度与反应物浓度关系中的比例系数。

当时间为t时，蔗糖浓度为c，此时旋光度α_t为：

$$\alpha_t=k_反 c+k_生(c_0-c) \qquad (2\text{-}18\text{-}8)$$

由（2-18-6）、（2-18-7）、（2-18-8）三式联立可得：

$$c_0=\frac{\alpha_0-\alpha_\infty}{k_反-k_生}=k(\alpha_0-\alpha_\infty)$$

$$c=\frac{\alpha_t-\alpha_\infty}{k_反-k_生}=k(\alpha_t-\alpha_\infty)$$

$$t=\frac{1}{k}\ln\frac{c_0}{c}=\frac{1}{k}\ln\frac{\alpha_0-\alpha_\infty}{\alpha_t-\alpha_\infty}$$

$$\ln(\alpha_t-\alpha_\infty)=-kt+\ln(\alpha_0-\alpha_\infty) \qquad (2\text{-}18\text{-}9)$$

显然，可通过旋光仪测定α_t、α_∞值，以$\ln(\alpha_t-\alpha_\infty)$对$t$作图可得一条直线，根据直线斜率可求得反应速率常数$k$。

四、仪器与试剂

仪器：旋光仪1台，恒温槽1套，停表1只，移液管（25ml）2支，烧杯（100ml）1只，量筒（50ml）1支，具塞锥形瓶（150ml）1只，吸耳球，镜头纸，滤纸。

试剂：蔗糖（分析纯），HCl溶液（$2mol\cdot L^{-1}$）。

五、实验步骤

1. 恒温槽调节至25℃恒温（若旋光管无恒温夹套，可不恒温，实验直接在室温下测量）。

2. 用蒸馏水校正仪器的零点　蒸馏水为非旋光物质，可以用它校正旋光仪的零点（即α=0时仪器对应的刻度）。先洗净旋光管各部分零件，拆开后玻片、垫圈要单独拿着洗涤以防掉进下水道。洗好后将一端的盖子旋紧，并由另一端向管内灌满蒸馏水，在上面形成一凸面，然后取玻璃片沿管口轻轻推入盖好，再旋紧套盖，玻璃片紧贴于旋光管之上，勿使其漏水或有气泡。必须注意旋紧套盖时，一手握住管上的金属鼓轮，另一只手旋套盖，不能用力太猛，以免压碎玻璃片。然后用滤纸将旋光管擦干，再用镜头纸将管两端的玻璃片擦净。将旋光管放入旋光仪内，必须使有凸出部分的一端朝上，使管中残存的微小气泡进入凸出部分而不影响测量。打开光源，调节目镜焦距，使视野清楚。然后旋转检偏镜至观察到三分视野暗度相等为止。记下检偏镜的旋光度α。重复测量数次，取平均值，此平均值即为零点，用来校正仪器的系统误差。

3. 配制溶液　用粗天平称取 10g 蔗糖于烧杯内，加入蒸馏水 50ml 使蔗糖溶解（若溶液混浊，则须过滤）。

4. 蔗糖转化反应过程中旋光度 α_t 的测定　将上述配好的蔗糖水溶液转置于锥形瓶中，用移液管量取 50ml（$2mol \cdot L^{-1}$）的 HCl 溶液（可由两人分别用两支 25ml 移液管同时量取），并加入到蔗糖水溶液中。当 HCl 溶液加入 25ml 时（1 人加入完成后），即开始计时，HCl 全部加入后立即摇匀，迅速用少量反应液荡洗样品管两次。然后将反应液装满样品管，盖好盖子并擦净（注意防止酸液腐蚀仪器），立刻放入旋光仪内，测量各时间 t 时的旋光度 α_t，测定时必须迅速准确（先记录时间，再读旋光度）。反应开始时，反应速率较快，前 15 分钟每 2 分钟测量一次，之后反应速率减慢，每次测量的时间间隔可适当延长至 10 分钟，1 小时后可间隔 15 分钟测量一次，从反应开始大约连续测量 100 分钟。

5. α_∞的测定　在上述测定开始后，同时将装有所剩余反应混合液的锥形瓶放在 50～60℃水浴或加热箱中温热 0.5～1 小时，以加速水解反应进行，使其中蔗糖完全反应。然后冷却至实验温度，按上述操作测其旋光度，在 15 分钟内，读取 5～7 个数据，如在测量误差范围内，取其平均值，即认为是 α_∞。

6. 实验结束后，应立即将旋光管洗净擦干，将旋光仪管槽内外用柔纸擦拭干净，防止酸对仪器的腐蚀。记录室温、大气压等常规实验数据。清理实验仪器和实验台面。

六、注意事项

1. 样品管的两端经精密磨制，以保证其长度为确定值并透光良好，使用时要十分小心，以防损坏。

2. 样品管及其两端玻片应洁净，以免影响透光。所有镜片都不能用手直接揩拭，应用镜头纸揩拭。

3. 只能在同一方向转动度盘手轮时读取始、末示值，决定旋光角。而不能在来回转动度盘手轮时读取示值，以免产生回程误差。

4. 加热反应液的水浴温度不可过高，以免蔗糖碳化；锥形瓶要盖好瓶塞，以免盐酸挥发。

七、数据记录和处理

1. 原始数据记录见表 2-18-1。

表 2-18-1　原始数据

室温：始________℃；终________℃；平均________℃

时间（min）			
α_t			
$\alpha_t-\alpha_\infty$			
$\ln(\alpha_t-\alpha_\infty)$			
α_∞=	斜率=	速率常数 k=	半衰期 $t_{1/2}$=

2. 以 $\ln(\alpha_t-\alpha_\infty)$ 为纵坐标，t 为横坐标作图，从而算出 k。

3. 计算反应的半衰期 $t_{1/2}$。

八、思考与讨论

1. 为什么可用蒸馏水来校正旋光仪零点?试问在蔗糖转化反应过程中所测得旋光度是否要进行零点校正?

2. 蔗糖为什么可用粗天平称量?

3. 在混合蔗糖溶液和盐酸溶液时，我们将盐酸加到蔗糖溶液里去，可否将蔗糖溶液加到盐酸里?为什么?

附录　旋 光 仪

1. 偏振光与旋光度　一束可在各个方向振动的单色光，通过各向异性的晶体（如冰晶石）时，产生两束振动面相互垂直的偏振光，见附图 2-18-1。

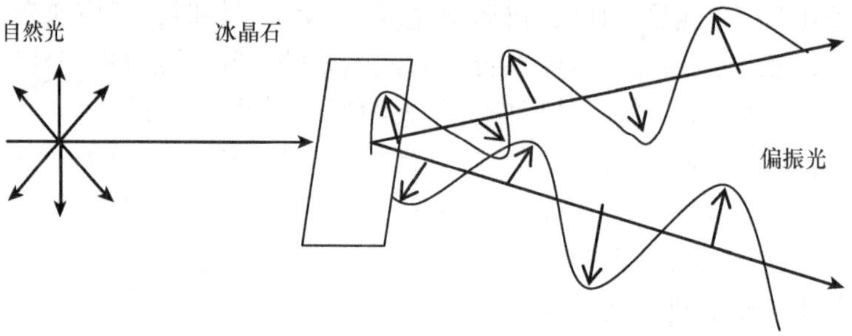

附图 2-18-1　自然光被分解为偏振光

由于这两束偏振光在晶体中的折射率不同，所以当单色光投射到用冰晶石组成的尼科尔（Nicol）棱镜时，根据全反射原理，此两束偏振光中，垂直与纸面的一束发生全反射而被棱镜框的涂黑表面所吸收。因此只得到另一束与纸面平行的平面偏振光，见附图 2-18-2。这种产生平面偏振光的物体称为起偏镜。常用的起偏镜除尼科尔棱镜外，还有聚乙烯醇人造起偏片等。

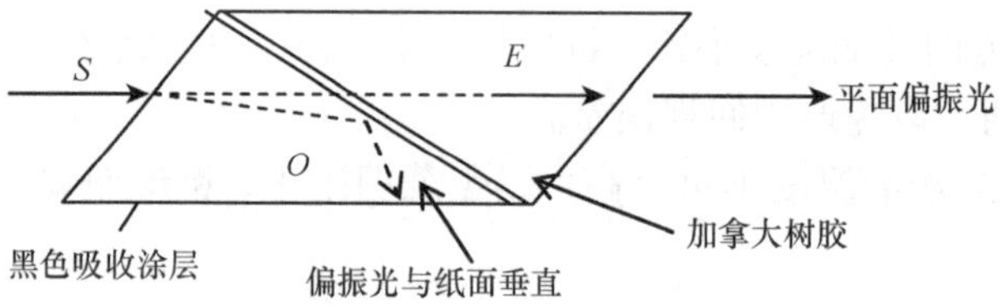

附图 2-18-2　Nicol 起偏镜

要测定起偏镜出来的偏振光在空间的振动平面，还需要一块检偏镜与之配合使用。见附图 2-18-3。

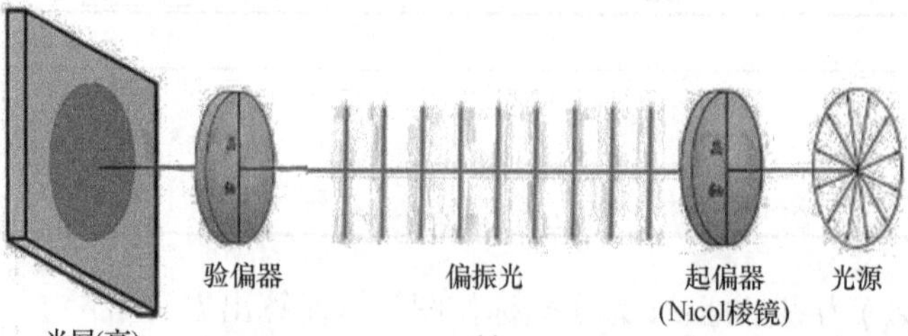

(a)

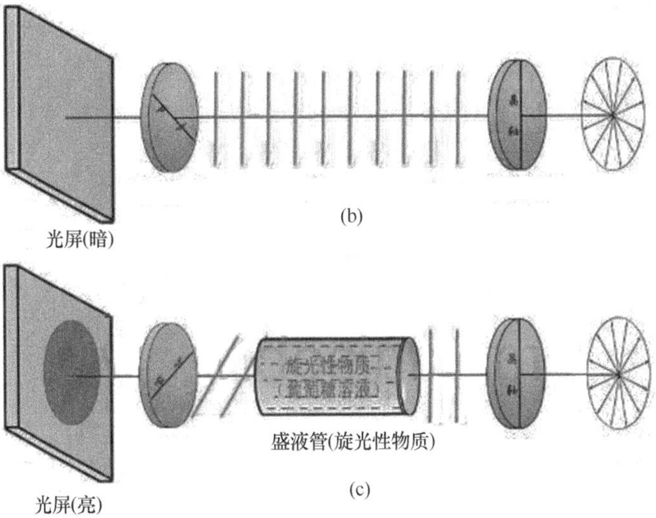

旋光性物质使偏光平面旋转一定角度α(旋光度)

附图 2-18-3　光路通过 Nicol 镜示意图

若起偏镜与检偏镜的光路相互平行，则起偏镜出来的偏振光全部通过检偏镜，在检偏镜后得到亮视场，如附图 2-18-3（a）所示；若两者光路相互垂直，则从起偏镜出来的偏振光不能通过检偏镜，得到暗视场，见附图 2-18-3（b），此时若在两偏振镜之间放一旋光性物质，则使起遍镜出来的偏振面旋转过了α角，为了在检偏镜后依然得到亮视场，那么必须将检偏镜也相应地旋转α角，见附图 2-18-3（c）。此外，所表示的检偏镜旋转的角度，有左旋、右旋之分，即该物质的旋光度。

为了比较各物质旋光度的大小，以比旋光度作为标准。比旋光度，即当偏振光通过 10cm 长，每立方厘米含有 10^{-3}kg 旋光性物质的溶液的旋光度，用$[\alpha]_{\lambda}^{t}$表示。角标 t、λ表示测定时温度和所用的光的波长。如蔗糖$[\alpha]_{D}^{20}$=66.00°（右旋）、葡萄糖$[\alpha]_{D}^{20}$=52.50°（右旋）、果糖$[\alpha]_{D}^{20}$=–91.9°（左旋）等。

2. 旋光仪光路系统与调节　旋光仪就是根据以上原理设计的用来测定物质旋光度的仪器。WXG 型旋光仪可用来测量旋光性溶液的旋光角，其结构见附图 2-18-4。为了准确地

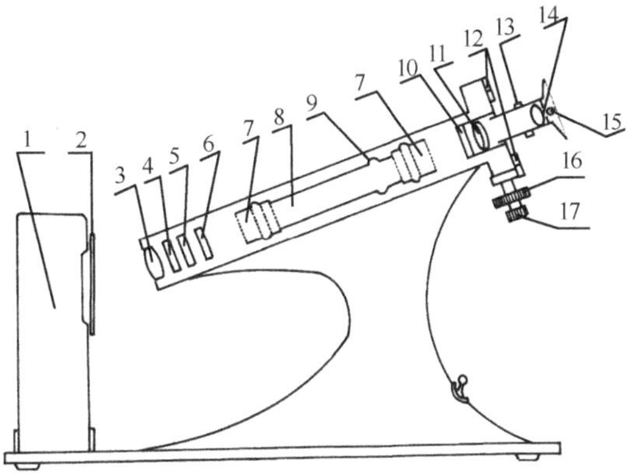

附图 2-18-4　WXG 型旋光仪

1—钠光灯；2—毛玻璃片；3—会聚透镜；4—滤色镜；5—起偏镜；6—石英片；7—测试管端螺帽；8—测试管；9—测试管凸起部分；10—检偏镜；11—望远镜物镜；12—度盘和游标；13—望远镜调焦手轮；14—望远镜目镜；15—游标读数放大镜；16—度盘转动细调手轮；17—度盘转动粗调手轮

测定旋光角 α，仪器的读数装置采用双游标读数，以消除度盘的偏心差。度盘等分 360 格，分度值 α=1°，角游标的分度数 n = 20，因此，角游标的分度值 α/n=0.05°，与 20 分游标卡尺的读数方法相似。度盘和检偏镜联结成一体，利用度盘转动手轮作粗（小轮）、细（大轮）调节。

为了提高测量的准确性，旋光仪采用三分视野的方法来确定读数。在起偏镜后安置一块占视野宽度约 1/3 的石英半波片，使起偏镜出来的偏振光透过半波片的那部分光旋转某一角度，再经检偏镜后即出现三分视场。转动检偏镜于不同位置，在三分视场中可见到三种不同的情况。

（1）若起偏镜出来的光，通过石英半波片的部分不能通过检偏镜而其余均能通过，则出现中间黑、两旁亮的视场，见附图 2-18-5（b）。

（2）若通过石英半波片的光能通过检偏镜而其余光却不能通过，则出现中间亮、两旁暗的视场，见附图 2-18-5（a）。

（3）若起偏镜出来的光，包括通过石英半波片的光都以同样的分量通过检偏镜，则出现整视场亮度均匀，三分视场的界线消失，此谓零度视场，见附图 2-18-5（c）。

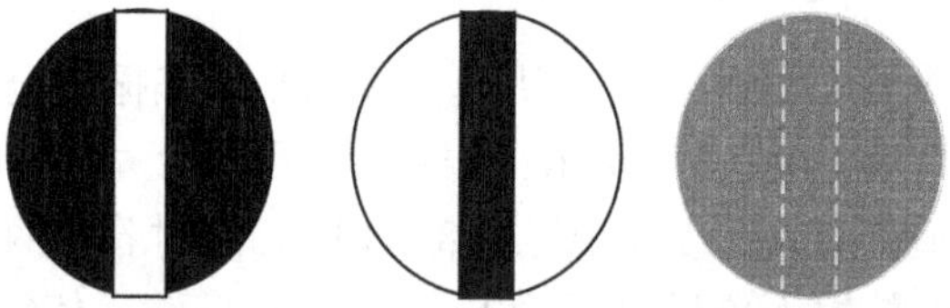

(a) (b) (c)

附图 2-18-5

测量时，以样品管中不放溶液（即空管）或装入去离子水后的零度视场，定为旋光度的零点。然后，当样品管中装有含旋光性物质的溶液后，通过旋转检偏镜位置待出现零度视场时，此旋转角即为该物质的旋光度。由于在亮度较弱的情况下，人眼辨别亮度微小变化的能力较强，所以利用调节三分视场中亮与暗的变化进行读数比全视场仅有亮与暗的两分场灵敏的多。

影响旋光度的因素有：光的波长、温度和溶液浓度。通常采用钠光灯，其光的波长为 589.0～589.2nm。温度升高 1℃，旋光度约降低 0.3%，因此，对要求高的测量应配一恒温装置。溶液浓度增加，旋光度增大。对旋光性小的物质应选择较长的试样管。为了消除读数盘的偏心差，旋光仪中采用双向读数（游标上可直接读到 0.05°），再取其平均值。

实验 19　溶液表面张力的测定—最大泡压法

一、实验目的

1. 采用最大泡压法测定不同浓度的乙醇水溶液的表面张力。
2. 根据吉布斯吸附公式计算溶液表面的吸附量和乙醇分子的横截面积。

二、预习要求

了解影响溶液表面张力的因素和吉布斯吸附量 Γ 的物理意义。

三、实验原理

1. 表面自由能　从热力学观点看，液体表面缩小是一个自发过程，是使体系总的自由能减小的过程。如欲使液体产生新的表面ΔA，则需要对其做功。功的大小应与ΔA成正比：

$$-W=\sigma\Delta A$$

式中，σ为液体的表面自由能，亦称表面张力。它表示了液体表面自动缩小趋势的大小，其量值与液体的成分、溶质的浓度、温度及表面气氛等因素有关。

2. 溶液的表面吸附　纯物质表面层的组成与内部的组成相同，因此纯液体降低表面自由能的唯一途径是尽可能缩小其表面积。对于溶液，由于溶质能使溶剂表面张力发生变化，因此，可以通过调节溶质在表面层的浓度来降低表面自由能。根据能量最低原则，溶质能降低溶剂的表面张力时，表面层溶质的浓度比溶液内部大；反之，溶质使溶剂的表面张力升高时，表面层中的浓度比内部的浓度低。这种表面浓度与溶液内部浓度不同的现象称为溶液的表面吸附。

显然，在指定的温度和压力下，溶质的吸附量与溶液的表面张力及溶液的浓度有关，从热力学方法可知它们之间的关系遵守吉布斯（Gibbs）吸附方程：

$$\Gamma=-\frac{c}{RT}\left(\frac{\mathrm{d}\sigma}{\mathrm{d}c}\right)_T$$

式中，Γ为表面吸附量（单位：$mol\cdot m^{-2}$）；T为热力学温度（单位：K）；c为稀溶液浓度（单位：$mol\cdot dm^{-3}$）；R为气体常数。

若$\left(\frac{\mathrm{d}\sigma}{\mathrm{d}c}\right)_T<0$，则$\Gamma>0$，称为正吸附；$\left(\frac{\mathrm{d}\sigma}{\mathrm{d}c}\right)_T>0$，则$\Gamma<0$，称为负吸附。

以表面张力对浓度作图，即得到σ-c曲线（图 2-19-1），在$\sigma-c$曲线上任选一点作切线，即可得该点所对应浓度c_i的斜率：$\left(\mathrm{d}\sigma/\mathrm{d}c_i\right)_T$

其中：　$\overline{MN}=-c_i\left(\mathrm{d}\sigma/\mathrm{d}c_i\right)_T$

则：　$\Gamma=\overline{MN}/RT$，

根据此式可求得不同浓度下各个溶液的Γ值。

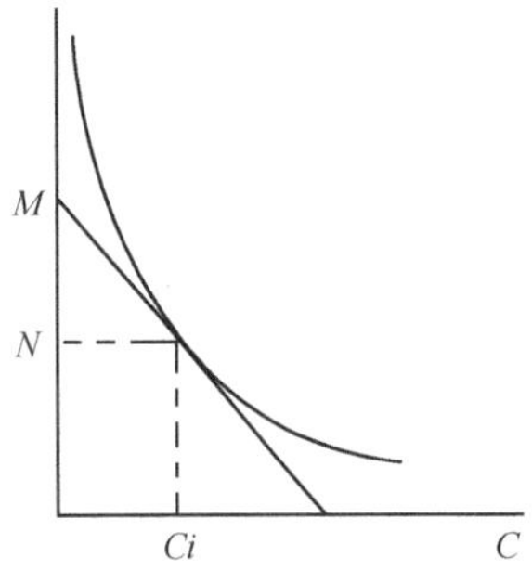

图 2-19-1　表面张力与浓度的关系

根据朗格缪尔（Langmuir）吸附等温式，吸附量Γ与浓度c之间的关系可用下式表示：

$$\Gamma=\Gamma_\infty Kc/\left(1+Kc\right)$$

式中，Γ_∞为饱和吸附量，K为吸附常数，c为稀溶液的浓度。将上式取倒数得：

$$c/\Gamma=c/\Gamma_\infty+1/K\Gamma_\infty$$

以c/Γ对c作图可得一直线，直线斜率的倒数即为Γ_∞。

当达到饱和吸附时，溶液表面上的分子占据了所有表面。若以N代表$1m^2$表面上溶质的分子数，则有：

$$N=\Gamma_\infty\cdot L$$

式中，L为阿伏伽德罗常量，因此每个溶质分子在表面上所占据的横截面积q可按下式计算：

$$q=1/\left(\Gamma_\infty\cdot L\right)$$

3. 最大泡压法　表面张力的测定可按装置图 2-19-2 进行。将被测液体装于测定管中，使毛细管的下端面与液体相切，液体沿着毛细管上升。打开抽气瓶的活塞缓缓地放水抽气，测定管中的压力p逐渐减少，毛细管中压力p_0就会将管中液面压至管口，并形成气泡，当气泡的曲率半径等于毛细管半径 r（即气泡的曲率半径为最小值），此时所承受的压力差最大，根据拉普拉斯（Laplace）公式：

$$\Delta p_{max} = \Delta p_r = p_0 - p_r = 2\sigma / r$$

此时最大的压力差值可由 U 形压力计中最大液柱差 Δh 来表示：

$$\Delta p_{max} = \rho g \Delta h$$

式中，ρ 为 U 形压力计中液体介质的密度。由上述两式可得：

$$\sigma = \rho g \Delta h r / 2 = K' \Delta h$$

K'为仪器常数，可用已知表面张力的液体（如纯水）标定。因此，只要将不同液体装于测定管中，测定 U 形压力计中最大液柱差 Δh，就可计算该液体的表面张力 σ。

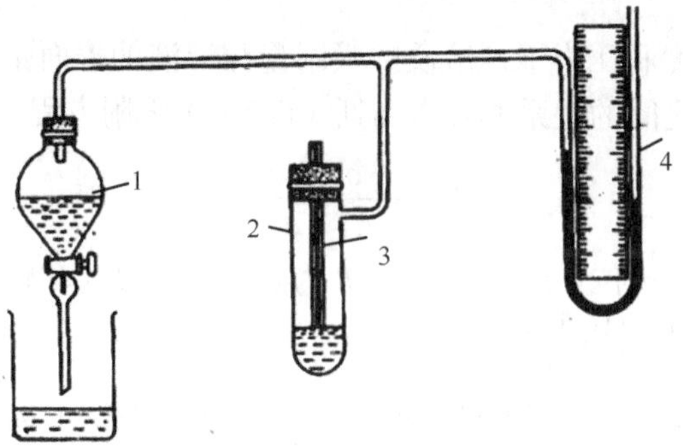

图 2-19-2　最大气泡压力法测定表面张力装置

1—抽气用的滴液漏斗；2—测定管；3—毛细管；4—U 形压力计

四、仪器与试剂

仪器：表面张力测定装置、U 形压力计、温度计、分液漏斗、洗耳球、烧杯、具塞锥形瓶。

试剂：乙醇溶液（体积百分比分别为 5%、10%、20%、25%、30%、40%、50%）。

五、实验步骤

1. 按图 2-19-2 安装好实验装置，检查仪器是否漏气。检查方法：由分液漏斗向蓄水瓶放水，使 U 形压力计产生一定的压力差，停止加水，如压力差维持 3～5 分钟不变，可认为不漏气。

2. 测定仪器常数　向清洁的测定管注入蒸馏水，装上清洁的毛细管，使管内液面刚好与毛细管口相接触，注意使毛细管保持垂直。打开分液漏斗，使水缓缓滴出，以减小测定管内压力，使气泡冒出，观察气泡冒出的速度与压力的关系，调节抽气速度使气泡逸出速度保持稳定且不超过每分钟 20 个时，记录 U 型压力计两边最高和最低读数各 3 次，若每次得到的 Δh 差别在 2 mm 以内，可取平均值；否则重新测量。

3. 测定乙醇溶液的表面张力　将试管中的水倒出，用待测溶液洗涤试管和沾洗毛细管（尖端蘸取待测液，然后用洗耳球吹掉其中的溶液）3 次，在试管中装入待测溶液，用上述方法从稀到浓依次快速测定各乙醇溶液的压力差 Δh，都测 3 次取其平均值。

六、注意事项

1. 测定用毛细管一定要清洗干净，否则气泡可能不能连续稳定地流过，使压力计读数不稳定。

2. 毛细管一定要保持垂直，管口刚好插到与液面接触。

3. 应读单个气泡逸出时的最大压力差。

4. 注意数据处置时要将体积百分比换算为质量浓度。为了提高实验的精确度，可测定并绘制乙醇浓度-折光率标准曲线，通过测定上述乙醇溶液的折光率来确定各溶液的浓度。

5. 为了减少温度对表面张力的影响而引起的误差，可在恒温条件下进行测量。

七、数据记录与处理

1. 将实验所记录的数据用表 2-19-1 列出。

表 2-19-1 实验数据

浓度 c	$h_{左}$	$h_{右}$	Δh	σ	Γ	c/Γ

2. 查阅附表 13 以纯水测量结果计算仪器常数 K' 值。

3. 计算各浓度乙醇溶液的表面张力 σ，计算时，注意各量的单位。

4. 作 $\sigma \sim c$ 图，并在曲线上取 10 个点，分别作出切线，并求得对应的斜率。

5. 计算各浓度的吸附量 Γ 和 c/Γ。

6. 作出 $\frac{c}{\Gamma} - c$ 图，由直线斜率求其 Γ_{∞}，并计算乙醇分子的横截面积 q 值。

八、思考与讨论

1. 表面张力仪的清洁与否及测试温度是否稳定对测量结果有何影响？

2. 本实验中为什么要读取最大压力差？实验时将毛细管部分末端插入溶液内，对实验结果有何影响？

3. 在测量过程中抽气的速度过快对实验结果有何影响？

附录 压 力 计

一、液柱式压力计

液柱式压力计是化学实验中常用的简易压力计。它的构造简单，使用方便，能测量微小压力差，测量准确度比较高，且制作容易，价格低廉，但是测量范围不大，示值与工作液密度有关，且它的结构不牢固，耐压程度较差。液柱式压力计中最常用的是 U 形压力计（见附图 2-19-1）。

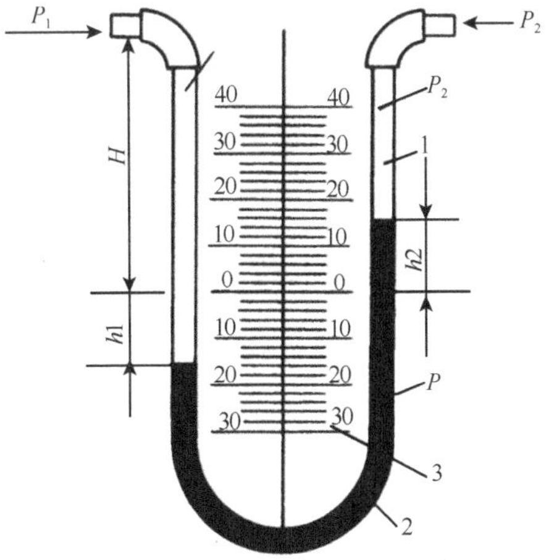

附图 2-19-1 U 形液柱压力计原理图

1—U 形玻璃管；2—工作液；3—刻度尺

液柱式 U 形压力计由两端开口的垂直 U 形玻璃管及垂直放置的刻度标尺构成。管内下部盛有适量工作液体作为指示液，U 形管的两支管分别连接于两个测压口。因为气体的密度远小于工作液的密度，因此，由液面高度差 Δh 及工作液的密度 ρ、重力加速度 g 可以得到：$p_1 = p_2 + \Delta h \rho g$ 或

$\Delta h = \dfrac{p_1 - p_2}{\rho g}$。

U形压力计可用来测量：

（1）两气体压力差。

（2）气体的表压（p_1为测量气压，p_2为大气压）。

（3）气体的绝对压力（令p_2为真空，p_1所示即为绝对压力）。

（4）气体的真空度（p_1通大气，p_2为负压，可测其真空度）。

二、福丁式气压计（水银压力计）

1. 构造　实验室常用的福丁式水银气压计也是典型的液柱式压力计。附图2-19-2为其构造简图。

福丁式气压计的主要部分为一盛有汞的玻璃管倒置于汞槽中，玻璃顶部为绝对真空汞，槽底由一羊皮袋封住，可以调整下部的螺丝，使羊皮上下移动，从而调整下部槽中的汞面，使之刚好与固定在槽顶的象牙针尖接触，这个面就是测定汞柱高的基准面，汞玻璃管装于有刻度的黄铜外管中，黄铜管上部的读数部分，相对两边开有槽缝，通过槽缝可观察玻璃管中的汞面，在相对的槽缝中，装有可上下滑动的游标。气压计必须垂直安装，如果偏离垂直位置1度，则对760mm来说，就会造成0.1mm的误差。

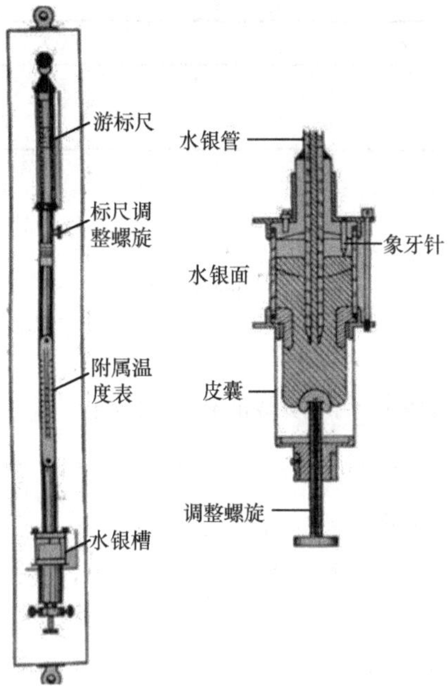

附图2-19-2　福丁气压表

2. 读数步骤

（1）读出附于气压计上的温度读数。

（2）调整气压计底部螺丝，使水银面与象牙针刚好接触。

（3）调整控制游标上下移动的螺丝，将其上升到较汞面略高，然后缓缓下降，直到眼睛看至游标前边缘、后边缘与汞弯月面三者均在一平面上（刚好相切）。按游标尺零点对准的下面一个刻度，读出压力的毫米整数部分，再按游标尺与刻度尺重合得最好的一条线，从游标尺上读出毫米的小数部分（注意：大气压计读数一般以毫巴（mbar）表示，换算成mmHg时必须除以1.332）。

（4）将读数校正到0℃及重力加速度的相应数值，考虑高度差和仪器修正值后，得出气压的最后结果。

3. 气压计读数修正

（1）温度的修正：温度会影响水银的密度及黄铜刻度标尺的长度，校正公式为：

$$H_0 = H_t - \frac{H_t(\beta - \alpha)t}{1 + \beta t}$$

式中，H_0为将水银柱校正到0℃时的读数；H_t为在t℃时的读数；α为黄铜的线膨胀系数，0.000 018 4/℃；β为汞的体膨胀系数，0.000 181 8/℃；t为读数时的温度℃。

（2）仪器的修正值：由于压力计构造上的缺陷或长期使用后水银中溶解微量空气渗入真空部分所引起的偏差。当与标准压力相比较之后，即可得到这项改正值，常附于仪器的检定证书中。

（3）高度差的改正：即气压计下部汞面与试验进行的所在地存在高度差所引起的偏差。通常在地球表面的 10m 空气柱大致相当于 120Pa，即每高于地面 10m，气压应减少 120Pa。

实验 20　水溶性表面活性剂的临界胶束浓度的测定

一、实验目的

1. 用电导法测定十二烷基硫酸钠的临界胶束浓度。
2. 了解表面活性剂的特性及胶束形成原理。

二、实验原理

具有明显“两亲”性质的分子，既含有亲油的足够长的（大于 10 个碳原子）烃基，又含有亲水的极性基团（通常是离子化的），由这一类分子组成的物质称为表面活性剂，如肥皂和各种合成洗涤剂等。表面活性剂分子都是由极性部分和非极性部分组成的，若按离子的类型分类，可分为 3 大类：①阴离子型表面活性剂，如羧酸盐、烷基硫酸盐、烷基磺酸盐等；②阳离子型表面活性剂，主要是胺盐，如十二烷基二甲基叔胺和十二烷基二甲基氯化铵等；③非离子型表面活性剂，如聚氧乙烯类。

表面活性剂进入水中，在低浓度时呈分子状态，并且三三两两地把亲油基团靠拢而分散在水中。当溶液浓度加大到一定程度时，许多表面活性物质的分子立刻结合成很大的集团，形成“胶束”。以胶束形式存在于水中的表面活性物质是比较稳定的。表面活性物质在水中形成胶束所需的最低浓度称为临界胶束浓度，以 CMC 表示。在 CMC 点上，由于溶液的结构改变导致其物理及化学性质（如表面张力、电导、渗透压、浊度、光学性质等）同浓度的关系曲线出现明显的转折，见图 2-20-1。这个现象是测定 CMC 的实验依据，也是表面活性剂的一个重要特征。这种特征行为可用生成分子聚集体或胶束来说明，见图 2-20-2，当表面活性剂溶于水中后，不但定向地吸附在水溶液表面，而且达到一定浓度时还会在溶液中发生定向排列而形成胶束，表面活性剂为了使自己成为溶液中的稳定分子，有可能采取的两种途径：一是把亲水基留在水中，亲油基伸向油相或空气；二是让表面活性剂的亲油基团相互靠在一起，以减少亲油基与水的接触。前者就是表面活性剂分子吸附在界面上，其结果是降低界面张力，形成定向排列的单分子膜，后者就形成了胶束。由于胶束的亲水基方向朝外，与水分子相互吸引，使表面活性剂能稳定地溶于水中。

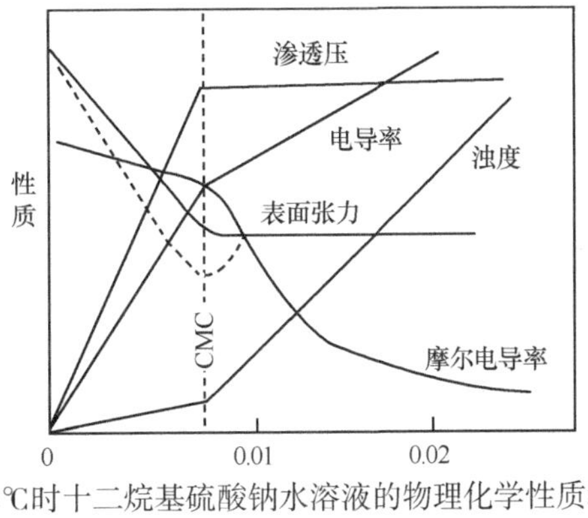

图 2-20-1　25℃时十二烷基硫酸钠水溶液的物理化学性质和浓度关系图

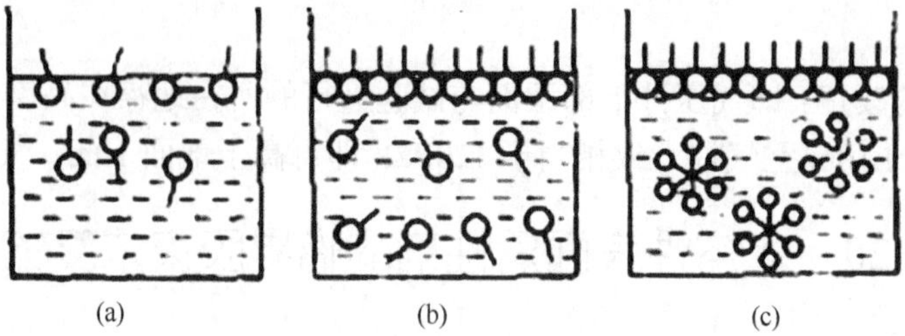

图 2-20-2　胶束形成过程示意图
（a）浓度<CMC；（b）浓度=CMC；（c）浓度>CMC

本实验利用电导率仪测定不同浓度的十二烷基硫酸钠水溶液的电导率（也可换算成摩尔电导率），并作电导率（或摩尔电导率）与浓度的关系图，从图中的转折点即可求得临界胶束浓度。

三、仪器与试剂

仪器：电导率仪、电导电极、容量瓶（100ml、1000ml）、恒温槽。

试剂：十二烷基硫酸钠（分析纯）、电导水。

四、实验步骤

1. 用电导水或重蒸馏水准确配制 0.01mol · dm^{-3} 的 KCl 标准溶液。

2. 取十二烷基硫酸钠在 80℃烘干 3 小时，用电导水或重蒸馏水准确配制 0.002mol · dm^{-3}、0.004mol · dm^{-3}、0.006mol · dm^{-3}、0.007mol · dm^{-3}、0.008mol · dm^{-3}、0.009mol · dm^{-3}、0.010mol · dm^{-3}、0.012mol · dm^{-3}、0.014mol · dm^{-3}、0.016mol · dm^{-3}、0.018mol · dm^{-3}、0.020mol · dm^{-3} 的十二烷基硫酸钠溶液各 100ml。

3. 调节恒温水浴温度至 25℃。

4. 用电导率仪从稀到浓分别测定上述各溶液的电导率。用后一个溶液荡洗前一个溶液的电导池 3 次以上，各溶液测定时必须恒温 10 分钟，每个溶液的电导率读取三次，取平均值（电导率仪的使用方法参见实验 13）。

五、数据记录与处理

1. 列表记录各溶液对应的电导率，并换算成摩尔电导率。

2. 作出电导率（或摩尔电导率）与浓度的关系图。从图中曲线转折点确定临界胶束浓度 CMC 值。

六、思考与讨论

1. 实验中影响临界胶束浓度的因素有哪些？

2. 若要知道所测的临界胶束浓度是否准确，可用什么实验方法验证之？

3. 溶解的表面活性剂分子与胶束之间的平衡同温度和浓度有关，其关系式可表示为：

$$\frac{\mathrm{d}\ln C_{CMC}}{\mathrm{d}T}=-\frac{\Delta H}{2RT^2}$$

试问如何测出其热效应 ΔH 值？

4. 非离子型表面活性剂能否用本实验方法测定其 CMC？

实验 21　不锈钢电极在醋酸体系中的腐蚀行为

一、实验目的

1. 采用电化学分析仪，利用循环伏安法测定不锈钢材料的点蚀电位，推测金属电极在此体系中的腐蚀情况。

2. 加深对“极化”概念的理解，掌握阳极极化曲线的测定方法。

二、实验原理

金属在电解质溶液中的腐蚀行为通常采用“浸泡实验”和“阳极极化曲线法”相结合的方法进行测定，“浸泡实验”将金属加工成一定形状，恒温条件下将其完全浸泡在电解质溶液中一定时间，测其失重从而得出腐蚀速度。“阳极极化曲线法”分为“静态法”和“动态法”，“静态法”将电极电势较长时间地维持在某一恒定值，同时测定电流随时间的变化，直到电流值基本上达到一稳定值。通过逐点测量各个电极电势下的稳定电流值，以获得完整的极化曲线。“动态法”控制电极电势以较慢的速度连续地改变（扫描），并测量对应电势下的瞬时电流值以获得极化曲线，所采用的扫描速度根据研究体系的性质选定。一般来说，电极表面建立稳态的速度愈慢，扫描速度也应愈慢。从测定结果的比较可以看出，“静态法”测量结果虽较接近稳态值，但测量时间太长。本实验采用“动态法”。

本实验采用三电极系统，工作电极为不锈钢电极，参比为饱和甘汞电极，辅助电极为铂电极，在选定区间范围内，以一定扫描速度进行循环伏安研究，在正扫过程中，当电流出现突然上升时所对应的电极电势即为点蚀电位（Pitting Potential），点蚀电位愈低，说明越易形成孔蚀，材料的防腐性能差，通过点蚀电位的测量可以对金属材料、电解质溶液的防腐效果进行判别和筛选。

三、仪器与试剂

仪器：电化学工作站、不锈钢电极、饱和甘汞电极、铂电极、金相砂纸、小烧杯。

试剂：醋酸、氢氧化钾、溴化钾、铬酸钾、十六烷基三甲基溴化胺、丙酮。

四、实验步骤

1. 电极制备　取 10cm 不锈钢钢丝，用环氧树脂密封侧面，正面用金相砂纸打磨至光亮，分别用自来水、蒸馏水淋洗，再用丙酮除去表面油脂备用。

2. 电解质溶液配制

（1）0.50mol/L HAc + 0.10mol/L KOH

（2）0.50mol/L HAc + 0.10mol/L KBr

（3）0.50mol/L HAc + 0.10mol/L KBr + 0.10mol/L K_2CrO_4

（4）0.50mol/L HAc + 0.10mol/L KBr +十六烷基三甲基溴化胺

测试前所有电解质溶液通氮气 2 小时以除氧。

3. 循环伏安测量

（1）将三电极插入电解液①中，黄色接线柱夹辅助电极（铂电极），蓝色接线柱夹参比电极（饱和甘汞电极），红色接线柱夹工作电极（不锈钢电极）。

（2）开启微机，双击电化学分析软件。

（3）测量技术一栏中选择“循环伏安”。

（4）测量参数选择：扫描区间–0.60～0.30V，起始位置–0.60V，扫描速度 0.001V/min，循环次数 5，电流选择 10^{-3}A。

（5）按下“Start”键进行扫描，测量点蚀电位的值。

（6）重新处理不锈钢电极，对②、③、④电解液重复上述测量步骤。

五、数据记录与处理

1. 从不同循环伏安图上读出相应点蚀电位。
2. 讨论不同电解质溶液对不锈钢电极的腐蚀、缓蚀作用。

六、思考题

1. 何为“极化”、“阳极极化”？本实验起始扫描电势为何选择–0.60V 而不选择–1.00V。
2. 扫描速度的大小对实验有何影响？
3. 本实验结果使你受到哪些启发？
4. 本实验方法在你自己的专业中可能有哪些应用？

实验 22　循环伏安法测定铁氰化钾的电化学行为

一、实验目的

1. 学习循环伏安法测定电极反应参数的基本原理及方法。
2. 熟悉 CHI660 电化学工作站的使用。
3. 学习固体电极表面的处理方法，学会测量峰电流和峰电位，以及电极反应可逆性判断。

二、实验原理

1. 循环伏安法（cyclic voltammetry，CV）　循环伏安法是一种常用的暂态电化学测量方法，是研究电极反应动力学、机理和可逆性的重要手段之一。其基本原理是：根据研究体系的性质，选择电位扫描范围和扫描速率，在固定面积的工作电极和参比电极之间加上对称的三角波扫描电压（线性变化的循环电压），研究工作电极上得到的电流与施加电位间的线性关系曲线，即循环伏安图。从伏安图的波形、氧化还原峰电流的数值及其比值、峰电位等可以判断电极反应机制。可用来检测物质的氧化还原电位，考察电化学反应的可逆性和反应机制，判断产物的稳定性，研究活性物质的吸附和脱附现象；也可用于反应速率的半定量分析等。

2. 循环伏安法的三电极体系　循环伏安法研究体系是由工作电极、参比电极和辅助电极构成的三电极系统，工作电极和参比电极组成的回路测量电位，工作电极和辅助电极组成的回路测量电流。工作电极可选用固态电极和液态电极，如铂、金、玻璃石墨或悬汞电极。常用的参比电极有：饱和甘汞（SCE）、银-氯化银电极等。因此循环伏安曲线中的电位值都是相对于参比电极而言。辅助电极可选用惰性电极，如铂丝或铂片电极、玻璃碳电极等。电解池中的电解液包括：氧化还原体系（常用的浓度量级为 $mmol \cdot L^{-1}$）、支持电解质（常用的浓度量级为 $mol \cdot L^{-1}$）。电路的接法见图 2-22-1。

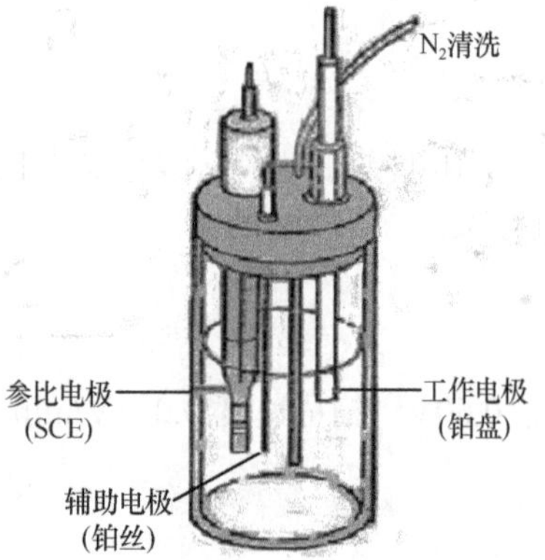

图 2-22-1　三电极体系示意图

3. 循环伏安曲线　循环伏安曲线的测定方法是：将电化学综合分析仪与研究体系连接，选定扫描范围 E_1～E_2 和扫描速率 v，从起始电位 E_1 开始扫描，电位按选定的扫描速率从 E_1 线性变化至 E_2，然后再连续反方向从 E_2 变化至 E_1，见图 2-22-2，一次扫描过程中完成一个氧化和还原过程的循环，称为循环伏安法。由于电位随时间变化呈现的是等腰三角波信号，因此这种方法也称为三角波线性扫描极谱法。

与汞电极相比，物质在固体电极上伏安行为的重现性差，其原因与固体电极的表面状态直接有关，因而了解固体电极表面处理的方法和衡量电极表面被净化的程度，以及测算电极有效表面积的方法，是十分重要的。一般对这类问题要根据固体电极材料不同而采取适当的方法。循环伏安法控制电极电位 φ 随时间 t 从 φ_i 线性变化增大（或减小）至某电位 φ_τ 后，相同速率线性减小（增大）回到最初电位 φ_i。其典型的 CV 法响应电流对电位曲线（循环伏安图）见图 2-22-3。

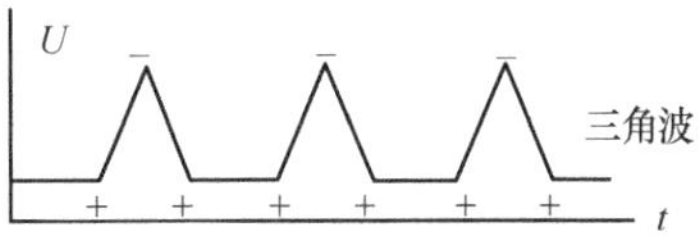

图 2-22-2　三角波电压

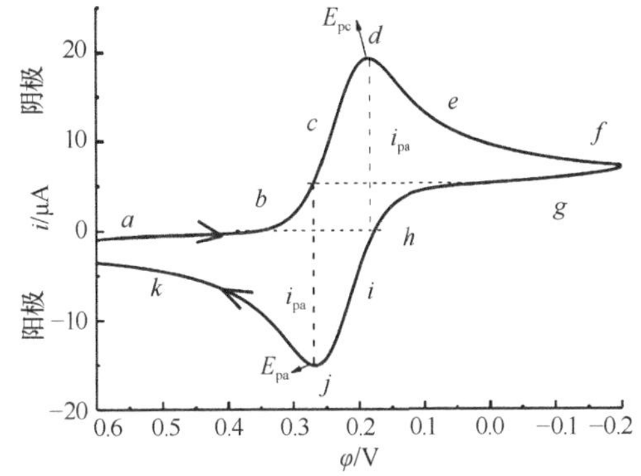

图 2-22-3　循环伏安曲线图

假如电位从 φ_i 开始以扫描速度 υ 向负方向扫描，置 φ_i 较 φ(研究电极的标准电极电位）正得多，开始时没有法拉第电流，当电位移向 φ 附近时，还原电流出现并逐渐增大，电位继续负移时，由于电极反应主要受界面电荷传递动力学控制，电流进一步增大，当电位负移到足够负时，达到扩散控制电位后，电流则转至受扩散过程限制而衰减，使 $i\sim\varphi$ 曲线上出现电流峰 i_{pc}，对应的峰电位为 φ_{pc}。当电流衰减到某一程度，电位达 φ_τ后，反向扫描，则原来在电极上的还原产物成为被氧化的电化学活性物质，若研究的电化学反应是可逆反应，类似前向扫描原理，在较 φ 稍正的电位下形成氧化电流峰 i_{pa}，对应的峰电位 φ_{pa}。对于固体电极，溶液中有氧化态物质 O 时，在电极上被还原生成还原态 R，即：O+ne-→R；而回扫时 R 被氧化成 O，即：R→O+ne-。

4. 判断电极过程的可逆性　用电化学工作站进行循环伏安测量时，测出的循环伏安曲线的同时，通过数据采集和处理系统可以直接读取：阳极扫描峰电位 E_{pa} 和阳极峰电流 I_{pa}；阴极扫描峰电位 E_{pc} 和阴极峰电流 I_{pc}。判断电极反应的可逆程度常用的方法是：①计算阳极峰电位与阴极峰电位的差值 ΔE_p；②比较阳极峰电流 I_{pa} 与阴极峰电流 I_{pc} 数值的相对大小。根据能斯特方程，当 ΔE_p 的数值接近 $2.3RT/nF$，且 I_{pa} 与 I_{pc} 的数值相等或相近时，电极反应是可逆过程。当实验测试温度为 298K 时，由能斯特方程计算得出 ΔE_p/mV=59/n，如果从循环伏安图得出的 ΔE_p/mV=55/n～65/n 范围，即可认为电极反应是可逆过程。对于不同扫描速率时测定的循环伏安曲线，可逆电流的峰电位 E_p 与扫描速率 v 无关，阴、阳极峰电流的值正比于扫描速率的平方根，即满足下列关系式：

$$I_p = 2.69\times10^5\times n^{3/2}AD^{1/2}v^{1/2}c$$

式中，I_p 为峰电流（A），n 为电子交换数，A 为电极有效面积（cm^2），D 为反应物的扩散系数（$cm^2\cdot s^{-1}$），v 为电位扫描速率（$V\cdot s^{-1}$），c 为反应物（氧化态）的本体浓度（$mol\cdot cm^{-3}$）。

5. $K_3[Fe(CN)_6]$体系的循环伏安测定　$[Fe(CN)_6]^{3-}$与$[Fe(CN)_6]^{2-}$是典型可逆的氧化-还原体系。用玻璃碳电极作为工作电极进行阴极扫描时，发生还原反应：

$$[Fe(CN)_6]^{3-} + e^- \longrightarrow [Fe(CN)_6]^{2-}$$

进行阳极扫描时，发生氧化反应：

$$[Fe(CN)_6]^{2-} - e^- \longrightarrow [Fe(CN)_6]^{3-}$$

还原与氧化过程中电荷转移的速率很快，得到的循环伏安图中阴极波与阳极波基本是对称的。

三、仪器与试剂

仪器：CHI660B 电化学工作站，电解池，铂丝辅助电极，饱和甘汞电极做参比电极，玻璃碳工作电极，金相砂纸，鹿皮。

试剂：铁氰化钾标准溶液（1.00×10^{-3}mol · L^{-1}，内含 0.1mol · L^{-1} KCl），KCl 水溶液（0.1mol · L^{-1} KCl），不同浓度的 $K_3[Fe(CN)_6]$（均含支持电解质 KCl 浓度为 0.1mol · L^{-1}）。

四、实验步骤

1. 玻璃碳电极的预处理　玻璃碳电极使用前依次用 1.0μm 和 0.3μm 粒度的 α-Al_2O_3 抛光，最后分别在 1∶1 乙醇、1∶1 HNO_3 和蒸馏水中超声清洗。在电解池中放入 $K_3[Fe(CN)_6]$标准溶液（1.00×10^{-3}mol · L^{-1}，内含 0.1mol · L^{-1} KCl），插入三电极（注意区分接线柱颜色，以免电极位置接错）。以 50 mV · s^{-1} 的扫速从–0.2V 扫至+0.8V，记录循环伏安曲线，观察峰电位和峰电流，判断电极活性。若出现可逆性较差的波，则必须重新处理电极，直到达到要求。

2. 不同扫速下 $K_3[Fe(CN)_6]$溶液的循环伏安测试　在–0.2～+0.8V 扫描电位范围内，改变扫描速率，测定扫速分别为 10mV · s^{-1}、20mV · s^{-1}、50mV · s^{-1}、100mV · s^{-1}、150mV · s^{-1}、200 mV · s^{-1} 时的循环伏安图，记录在不同扫描速率下的峰电流和峰电位的数值。

3. 不同浓度 $K_3[Fe(CN)_6]$溶液的循环伏安测试　在扫描速率为 50 mV · s^{-1}，扫描电位范围为 –0.2～+0.8V 的条件下，分别测试 1.00×10^{-4}mol · L^{-1}、2.00×10^{-4}mol · L^{-1}、5.00×10^{-4}mol · L^{-1}，8.00×10^{-4}mol · L^{-1}，1.00×10^{-3}mol · L^{-1} $K_3[Fe(CN)_6]$（内含 0.1mol · L^{-1} KCl）溶液的循环伏安曲线，记录峰电流数值。

4. 电极连接及软件参数设置

（1）打开 CHI660B 电化学工作站和计算机的电源预热 10 分钟。

（2）预处理好的玻璃碳工作电极、Pt 辅助电极及饱和甘汞参比电极，擦干后按图 2-22-1 接入工作站（红色夹子接玻璃碳工作电极、蓝色接甘汞参比电极、黄色接 Pt 辅助电极）。

（3）打开 CHI660B 的【Setup】下拉菜单，在 Technique 项选择 Cyclic-Voltmmetry 方法，在 parameters 项内选择参数。各参数设定如下：

初始电位（Init E）—设为所测得的开路电位；

最高电位（High E）—即为开路电位；

最低电位（Low E）—比起始电位低 0.5V；

终止电位（Final E）—系统给定；

扫描速率（Scan Rate）—根据实验步骤依次设定；

采样间隔（Sample Interval）——设为 0.001V/s；

初始电位下的极化时间或为停止时间（Quiet Time）——设为 2 秒；

电流灵敏度（Sensitivity）——设为 0.001（根据所得曲线的可逆性进行调节）。

（4）完成上述各项，再仔细检查一遍无误后，点击“OK”键；然后点击工具栏中的运行键，此时仪器开始运行，屏幕上即时显示当时的工作状况和伏安曲线。测量完成后，保存。

五、注意事项

1. 实验前电极表面要处理干净，否则严重影响伏安曲线形状。

2. 为了使液相传质过程只受扩散控制，扫描过程中保持溶液静止。每次扫描前为使电极表面恢复初始条件，应将电极提起后再放入溶液中或用搅拌子搅拌溶液，等溶液静止 1～2 分钟后再进行电位扫描。

六、数据记录与处理

1. 实验数据记录见表 2-22-1。

表 2-22-1 实验数据

记录项	扫描速度/（V/s）					
	0.01	0.02	0.05	0.10	0.15	0.20
峰电流之比/（I_{pa}/I_{pc}）						
峰电位之差/（ΔE_p）						

2. 分别以 I_{pa} 和 I_{pc} 对 $K_3[Fe(CN)_6]$溶液浓度 c 作图，判断是否呈线性。

3. 分别以 I_{pa} 和 I_{pc} 对扫描速率的平方根 $v^{1/2}$ 作图，判断是否呈线性。

4. 根据以上结果以及峰电位之差（ΔE_p）和峰电流之比（I_{pa}/I_{pc}）判断电极反应的可逆性。

七、思考与讨论

1. 参比电极应具备什么条件？它有什么作用？

2. 电位扫描范围对测定结果有何影响？是否电位范围越大测定结果越好？

第三部分　综合设计性实验

实验 23　过氧化氢的分解反应动力学研究

一、实验目的

1. 熟悉一级反应的特点，了解催化剂对反应速率的影响。
2. 掌握静态量气法测定分解反应动力学参数的实验原理和方法。
3. 测定过氧化氢水溶液在碘化钾催化剂作用下的分解反应的速率常数。

二、实验原理

实验证明 H_2O_2 的分解反应为一级反应。许多催化剂如 KI、MnO_2、Ag、Pt 等都能大大加快此反应的反应速率。

H_2O_2 分解反应的化学方程式为：

$$H_2O_2 \longrightarrow H_2O + \frac{1}{2}O_2$$

本实验用 KI 作为催化剂，按下列步骤进行反应：

$$H_2O_2 + KI \xrightarrow{k_1} KIO + H_2O \qquad （慢）$$

$$KIO \xrightarrow{k_2} KI + \frac{1}{2}O_2 \qquad （快）$$

其中第一步基元反应为控速步骤。因此，反应的速率方程可以表达为：

$$v = v_1 = -\frac{d[H_2O_2]}{dt} = k_1[H_2O_2][KI]$$

由于反应过程中催化剂 KI 不断再生，其浓度[KI]保持不变，上式可以简化为：

$$-\frac{d[H_2O_2]}{dt} = k_{obs.}[H_2O_2]$$

式中，$k_{obs.}$ 称为表观速率常数。将上式积分得：

$$\ln\frac{[H_2O_2]}{[H_2O_2]_0} = -k_{obs.}t \qquad (3\text{-}23\text{-}1)$$

式中，$[H_2O_2]_0$ 为 H_2O_2 的初始浓度，$[H_2O_2]$ 为反应时刻 t 时的 H_2O_2 浓度。

在 H_2O_2 催化分解过程中，t 时刻 H_2O_2 的浓度 $[H_2O_2]$ 可以通过测定在相应时间内释放出的氧气体积得出。因分解过程中，放出氧气的体积与分解了的 H_2O_2 浓度成正比，其比例常数为定值。

令 V_∞ 表示 H_2O_2 全部分解释放出的氧气体积，V_t 表示 H_2O_2 在 t 时刻分解释放出的氧气体积，则 $[H_2O_2]_0 \propto V_\infty$，$[H_2O_2] \propto (V_\infty - V_t)$，将该关系代入（3-23-1）式中得到：

$$\ln\frac{[H_2O_2]}{[H_2O_2]_0} = \ln\frac{V_\infty - V_t}{V_\infty} = -k_{obs.}t \qquad (3\text{-}23\text{-}2)$$

或

$$\ln(V_\infty - V_t) = -k_{obs.}t + \ln V_\infty \qquad (3\text{-}23\text{-}3)$$

如果以 $\ln(V_\infty - V_t)$～t 作图得一直线，即可验证是一级反应，由直线的斜率可以求出

$k_{obs.}$。反应半衰期为 $t_{1/2} = \ln 2/k$。

可采用三种方法求 V_∞：

（1）外推法。以 $1/t$ 为横坐标，V_t 为纵坐标作图，将直线外推至 $1/t = 0$，其截距即为 V_∞。

（2）加热法。在测定若干个 V_t 的数据之后，将溶液加热至 50～60℃约 15 分钟，即可认为 H_2O_2 已基本分解完全。待完全冷却后，记下量气管的读数，即为 V_∞。

（3）$KMnO_4$ 溶液滴定 H_2O_2 溶液（参见本实验附录）。将 O_2 近似按理想气体处理，V_∞ 由理想气体状态方程求出。

化学反应速率随温度的升高而加快。对一般反应可用阿仑尼乌斯经验公式表示：

$$\ln k = \ln A - \frac{E_a}{RT}$$

式中，E_a 为反应活化能，常以 $kJ \cdot mol^{-1}$ 表示；T 为热力学温度。

由实验测得不同温度下的速率常数 k 值，以 $\ln k$ 对 $1/T$ 作图得一直线，直线的斜率可求得活化能数值。

本实验用来量气的平衡介质为蒸馏水（水在不同温度下的饱和蒸汽压见附表 5，实验中所有的气体均看作理想气体）。实验装置见图 3-23-1。

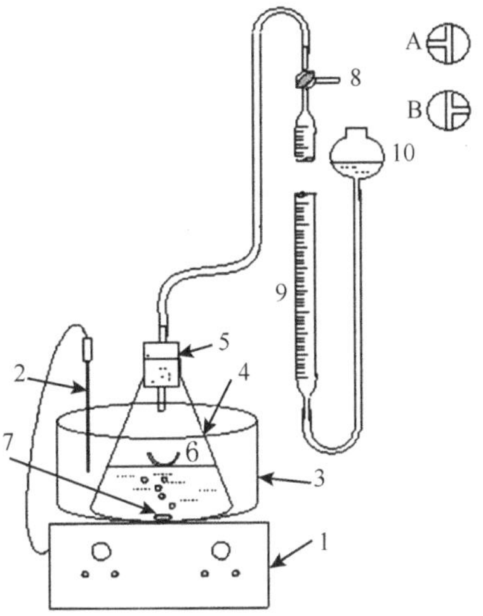

图 3-23-1　测定装置示意图

1—磁力搅拌器；2—测温元件；3—恒温水槽；4—分解瓶；5—橡皮塞；6—半乒乓球；7—搅拌子；8—三通活塞；9—量气管；10—水准瓶

三、实验室提供的仪器与试剂

仪器：恒温磁力搅拌器（配控温元件和搅拌子）、超级恒温水浴、玻璃反应器、移液管、量筒、锥形瓶、容量瓶、酸式滴定管、100ml 量气管、水准瓶、秒表、1/10 刻度水银温度计、乒乓球、镊子、洗耳球、洗瓶、铁架台、铁夹、铁圈、蝴蝶夹、乳胶管、烧杯滴管、回形针若干。

试剂：30% H_2O_2 溶液、0.1～0.2$mol \cdot dm^{-3}$KI 水溶液、$MnSO_4$ 饱和溶液、$KMnO_4$ 标准溶液、H_2SO_4 溶液（3$mol \cdot L^{-1}$）。

四、实验任务

1. 查阅相关资料（可参考本书中相关真空实验技术），了解实验原理、实验装置、测定方法。
2. 配制和标定 H_2O_2 水溶液。
3. 自行设计实验方案测定本实验中的 H_2O_2 水溶液浓度，进而推算 H_2O_2 全部分解释放的氧气体积 V_∞。
4. 研究反应温度对 H_2O_2 的影响（即不同温度下的反应速率）。
5. 记录实验数据，包括室温、大气压、恒温温度等常规实验数据。完成实验报告。

五、注意事项

1. 在反应过程中水准瓶要慢慢移动，保持两量气管和水准瓶在同一平面上。
2. 浓过氧化氢有强烈的腐蚀性，防止皮肤接触、吸入。

六、数据记录与处理

1. 实验数据记录见表 2-23-1。

表 2-23-1　实验数据记录

室温：测量前 T_0=______，测量后 T=______，平均室温 $\bar{T}$ = ______

实验温度：测量前 T_0' = ______，测量后 T' = ______，平均温度 $\bar{T}'$ = ______

大气压强：测量前 p_0=__________，测量后 p=__________，

平均大气压强 $\bar{p}$ = __________

量气管初始读数 V_0/ml：__________

反应时间 t/min	量气管读数 V/ml	释放气体体积 V_t/ml	$(V_\infty - V_t)$ / ml	$\ln(V_\infty - V_t)$

2. 求出 V_∞。

3. 以 $\ln(V_\infty - V_t) \sim t$ 作图，由直线的斜率计算反应的表观速率常数 k（作图求斜率时，取氧气析出 15%～85%的点）。

4. 计算反应半衰期。

七、思考与讨论

1. 读取氧气体积时，量气管和水准瓶中水面处于同一水平的作用何在？

2. H_2O_2 和 KI 溶液的初始浓度对实验结果是否有影响？应根据什么条件选择它们？

附录　过氧化氢含量的测定

1. 实验原理　$KMnO_4$ 是氧化还原滴定中最常用的氧化剂之一。高锰酸钾滴定法通常在酸性溶液中进行，反应时锰的氧化数由+7 变到+2。

因为 $KMnO_4$ 溶液本身具有特殊的紫红色，极易察觉，故用它作为滴定液时，不需要另加指示剂。

H_2O_2 在酸性溶液中很容易被 $KMnO_4$ 氧化而生成氧气和水，其反应如下：

$$5H_2O_2 + 2MnO^{4-} + 6H^+ = 2Mn^{2+} + 8H_2O + 5O_2$$

在一般的工业分析中，常用 $KMnO_4$ 标准溶液测定 H_2O_2 的含量。

2. 试剂

（1）H_2SO_4：1∶5 水溶液，约 3.6mol/L。

（2）$KMnO_4$：固体，AR。

（3）$Na_2C_2O_4$：固体基准试剂，AR。110℃烘干 2 小时，放入干燥器冷却至室温，保存备用。

（4）H_2O_2：30%水溶液。

3. 分析步骤

（1）0.02mol/L $KMnO_4$ 溶液的配制和标定：用台秤称取 1.7～1.8g $KMnO_4$ 固体，溶在煮沸的 500ml 蒸馏水中，保持微沸约 1 小时，静置冷却后用倾斜法倒入 500ml 棕色试剂瓶中，注意不能把杯底的棕色沉淀倒进去。标定前，其上层的溶液用玻璃砂芯漏斗过滤。残余溶液和沉淀则倒掉。把试剂瓶洗净，将滤液倒回瓶内，摇匀。

精确称取 0.15～0.20 g 预先干燥过的 $Na_2C_2O_4$ 三份，分别置于 400ml 烧杯中，各加入 80～90ml 蒸馏水和 20ml 1∶5 H_2SO_4 使其溶解，慢慢加热直到有蒸气冒出（75～85℃）。趁热用待标定的 $KMnO_4$ 溶液进行滴定。开始滴定时，速度宜慢，在第一滴 $KMnO_4$ 溶液滴入

后，不断摇动溶液，当紫红色褪去后再滴入第二滴，在滴定过程中温度不得低于75°C，故可边加热边滴定。待溶液中有Mn^{2+}产生后，反应速率加快，滴定速度也就可适当加快，但也决不可使$KMnO_4$溶液连续流下。接近终点时，紫红色褪去很慢，应减慢滴定速度同时充分摇匀，以防超过终点。最后滴加半滴$KMnO_4$溶液，在摇匀后半分钟内仍保持微红色不褪，表明已达到终点。记下终读数并计算$KMnO_4$溶液的浓度及相对平均偏差。

（2）过氧化氢含量的测定：用移液管吸取1.00ml H_2O_2样品，置于250ml容量瓶中，加水稀释至刻度，摇匀。吸取25.00ml稀释液三份，分别置于三个250ml 锥形瓶中，各加1：5 H_2SO_4 5ml，滴入2滴10% $MnSO_4$溶液，用$KMnO_4$标准溶液滴定至终点（半分钟内仍保持微红色不褪）。计算未经稀释样品中 H_2O_2的含量及相对平均偏差。

实验24 纳米ZnO光催化剂的制备及其对水中甲基橙的降解

一、实验目的

了解光催化降解甲基橙催化剂的制备方法及催化活性的表征方法。

二、实验原理

半导体光催化剂大多是硫族化合物半导体，当前以TiO_2使用最为广泛，这类半导体都具有区别于金属或绝缘物质的特殊能带结构，即在价带（VB）和导带（CB）之间存在一个禁带（FB）。由于半导体的光吸收阈值与带隙具有K=1240/Eg（ev）的关系，因此，常用的宽带隙半导体的吸收波长阈值大都在紫外区。当用光子能量高于半导体吸收阈值的光照射半导体时，半导体的价带电子发生带间跃迁，即从价带跃迁到导带，从而产生光电子（e^-）和空穴（h^+）。此时吸附在纳米颗粒表面的溶解氧俘获电子形成超氧负离子，而空穴将吸附在催化剂表面的氢氧根离子和水氧化成氢氧自由基。氧超负离子和氢氧自由基具有很强的氧化性，能将绝大多数的有机物氧化至最终产物CO_2和H_2O，甚至对一些无机物也有分解作用。

甲基橙是一种有机指示剂，随着pH不同，其水溶液具有多种染料化合物的主体结构，即偶氮结构和蒽醌结构，是一种具有代表性的染料化合物。自从1972年Fujishima等提出多相光催化技术以来，光催化和降解污染物已成为环境领域较为活跃的一个研究方向。利用半导体材料作为光催化剂降解去除环境中的有机物近年来引起了广泛关注。ZnO是一种重要的半导体材料，其禁带宽度为3127eV，与 TiO_2接近，且锌源广泛，制备操作简单，因而对纳米氧化锌光催化性能研究日益引起人们的重视。

本实验以甲基橙为光催化对象，要求在查阅相关资料的基础上，自行制备纳米ZnO，并在可见光照射条件下对纳米氧化锌的光催化性能进行检验。

三、实验室提供的仪器与试剂

仪器：马弗炉、紫外-可见分光光度计、布氏漏斗、紫外灯、磁力搅拌器（可加热）、离心分离机、超声振荡器、真空干燥器等。

试剂：硫酸锌、氢氧化钠、尿素、氨水、甲基橙、无水乙醇。

四、实验任务

（具体实验方案查阅相关文献资料后自行设计，以下步骤仅供参考）

1. 催化剂的制备 可参考以下两种途径。

（1）以七水合硫酸锌为锌源，以尿素为均相沉淀剂，采用均相沉淀法制备纳米氧化锌

ZnO，反应为：

$$CO(NH_2)+3H_2O \longrightarrow CO_2 + 2NH_4O$$

$$3Zn^{2+} + CO_3^{2-} + 4OH^- + H_2O \longrightarrow ZnCO_3 \cdot 2Zn(OH)_2 \cdot H_2O \longrightarrow 3ZnO + CO_2 + 2H_2O$$

实验过程为：称取适量的硫酸锌和尿素分别溶于一定量的蒸馏水中，转入三颈烧瓶中充分混合均匀，接温度计和冷凝管，在不断搅拌下逐渐升温，随着尿素的分解，溶液出现浑浊，直至出现大量白色沉淀，在一定微波辐射下反应一定时间后停止。将三颈烧瓶取出放入冷水中冷却至室温，然后抽滤，用 pH=9 的氨水和无水乙醇分别润洗抽滤，再经真空干燥。取出粉末研磨后放入马弗炉中，在 450℃下灼烧 2 小时，即得纳米 ZnO。

（2）以 NaOH 和 $Zn(NO_3)_2 \cdot 6H_2O$ 反应制备纳米氧化锌：实验过程为：准确称取摩尔比为 2∶1 的 NaOH 和 $Zn(NO_3)_2 \cdot 6H_2O$，置于研钵中充分研磨 30 分钟，采用固相反应生成前驱物 $Zn(OH)_2$。过滤，沉淀用蒸馏水洗涤多次。滤饼于烘箱中在 80℃下烘 4 小时。将干燥的 $Zn(OH)_2$ 研磨后，置于马弗炉中于 600℃下灼烧 6 小时，即得纳米 ZnO。

2. 纳米 ZnO 催化剂对甲基橙降解催化活性考察　催化反应在圆柱形玻璃反应器中进行，反应液中甲基橙的初始浓度为 20mg/l，体积为 200ml，催化剂浓度为 2.5g/l。反应前用超声波分散催化剂，光源为可见光。电磁搅拌使催化剂保持悬浮状态，反应在室温进行，每隔 30 分钟取样，离心分离出溶液中的催化剂后取上清液进行分析，以此时的吸光度表征甲基橙降解效果。

取不同用量的催化剂，重复以上实验。

五、实验结果和讨论

1. 计算 8 小时后，不同量的催化剂所对应的甲基橙降解率。[降解率=(A_0-A')/A_0×100%]
2. 由实验所测数值确定甲基橙降解反应的反应级数，并给出动力学方程。
3. 讨论催化剂用量对甲基橙降解效率的影响。
4. 以论文形式撰写实验报告。

实验 25　黏度法测定高分子化合物相对分子质量

一、实验目的

1. 掌握黏度法测定高分子化合物相对分子质量的原理。
2. 用乌氏（Ubbelohde）黏度计测定聚乙烯醇的特性黏度，计算聚乙烯醇的黏均分子量。

二、实验原理

黏度是液体对流动所表现的阻力。根据牛顿黏度定律，在流速梯度为 dv/ds 时，单位面积液体的黏滞阻力：

$$f = \eta\left(\frac{dv}{ds}\right) \qquad (3\text{-}25\text{-}1)$$

式中的比例常数 η 称为黏度系数，简称黏度，SI 单位为 Pa·s，c.g.s 制单位是泊（P，1P = 1dyn · s · cm^{-2}），1P =0.1Pa · s。

测定高聚物分子量的方法很多，其中以黏度法最常用。因为黏度法设备简单，操作方便，有相当好的精确度。但是黏度法不是测定分子量的绝对值的方法，因为在此法中所用计算分子量的经验方程中的参数，要用其他方法来确定。因高聚物、溶剂、分子量范围、温度等不同，就有不同的经验方程式。

高聚物溶液的黏度 η 一般要比纯溶剂的黏度 η_0 大得多，黏度增加的分数叫增比黏度 η_{sp} 按定义式：

$$\eta_{sp}=\frac{\eta-\eta_0}{\eta_0}=\eta_{\mathrm{r}}-1 \qquad (3\text{-}25\text{-}2)$$

式中 $\eta_{\mathrm{r}}=\eta/\eta_0$，叫相对黏度。增比黏度随溶液中高聚物浓度的增加而增大。为了便于比较，通常取单位浓度的增比黏度作为高聚物分子量的量度，可以写成 $\frac{\eta_{sp}}{c}$，叫做比浓黏度。显然比浓黏度随溶液的浓度 c 而变。当 $c\to 0$ 时，比浓黏度趋于一固定的极限值 $[\eta]$，即：

$$\lim_{c\to 0}\frac{\eta_{sp}}{c}=[\eta] \qquad (3\text{-}25\text{-}3)$$

$[\eta]$ 称为特性黏度，其值可利用 $\eta_{sp}/c\sim c$ 图用外推法求得，因为根据实验测定：

$$\frac{\eta_{sp}}{c}=[\eta]+k'[\eta]^2c \qquad (3\text{-}25\text{-}4)$$

因此，在 $(\eta_{sp}/c)\sim c$ 图上的截距即为 $[\eta]$。

另外，当 $c\to 0$ 时，$\frac{\ln\eta_r}{c}$ 的极限值也是 $[\eta]$，因为在浓度趋近于零的极限条件下：

$$\ln\eta_r=\ln(1+\eta_{sp})=\eta_{sp}-\frac{1}{2}\eta_{sp}^2+\frac{1}{3}\eta_{sp}^3-\cdots$$

当浓度不大时，可以忽略高次项，即：

$$\lim_{c\to 0}\frac{\ln\eta_r}{c}=\lim_{c\to 0}\frac{\eta_{sp}}{c}=[\eta] \qquad (3\text{-}25\text{-}5)$$

$(\ln\eta_r/c)$ 与浓度 c 之间的经验公式为：

$$\frac{\ln\eta_r}{c}=[\eta]-\beta[\eta]^2c \qquad (3\text{-}25\text{-}6)$$

因此，以 (η_{sp}/c) 和 $(\ln\eta_r/c)$ 对 c 作图（图 3-25-1）可以得到两条直线，它们在纵轴上交于一点，截距均为 $[\eta]$（图 3-25-1）。

相对黏度 η_r 和增比黏度 η_{sp} 都是无因次量，特性黏度 $[\eta]$ 的单位是浓度的倒数。对于高聚物溶液，像摩尔浓度这样的浓度单位并不是经常能够准确计算得到的，因此，浓度 c 常常表示为单位体积中的高聚物质量。$[\eta]$ 的单位和数值，随溶液浓度的表示法不同而异。文献中常用 100ml 溶液中所含高聚物的克数作浓度单位，也有建议用每毫升溶液中所含高聚物的克数作浓度单位，用后者表达的 $[\eta]$ 数值是前者表达的 $[\eta]$ 数值的 100 倍，由此计算得到的 $[\eta]$ 的单位是 $\mathrm{ml\cdot g^{-1}}$，称为斯托丁格（Staudinger）。

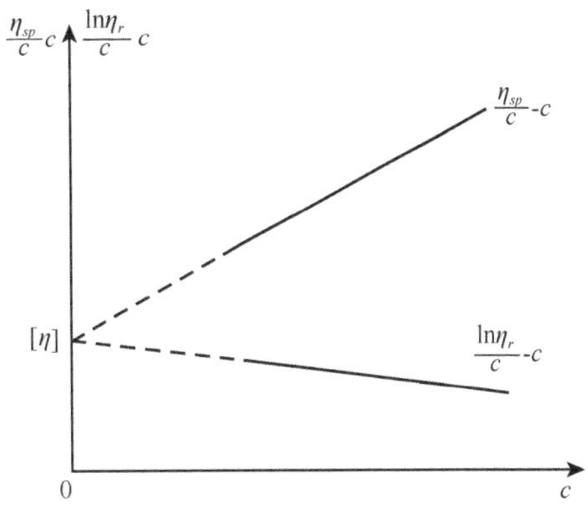

图 3-25-1 外推法求 $[\eta]$ 值

在一定温度和一定溶剂中，特性黏度 $[\eta]$ 与高聚物的分子量 M 的关系，常用 *Mark – Houwink* 公式表示：

$$[\eta]=KM^{\alpha} \tag{3-25-7}$$

式中求出的高聚物分子量是一个平均相对数值，称为黏均相对分子量。指数α表示溶液中分子几何形状的函数，其值从0.5（随机卷曲螺旋丝）到1.7（刚性伸展分子）。常数K和α与温度、高聚物及溶剂的性质有关，其数值是通过采用其他独立实验方法（如渗透压、光散射或沉降平衡等）测定已知摩尔质量的高聚物的特性黏度而得到的。表3-25-1中是常用的一些数值。

表 3-25-1 高聚物特性黏度与分子量关系式参数表

高聚物	溶剂	温度 t/℃	$K\times10^3$/($dm^3\cdot kg^{-1}$)	α	分子量范围 $M\times10^{-4}$
聚苯乙烯	苯	20	12.3	0.72	
	苯	30	10.6	0.74	
	甲苯	25	37	0.62	1～160
聚乙烯醇	水	25	20	0.76	0.6～2.1
	水	30	66.6	0.64	0.6～16
聚乙二醇	水	30	12.5	0.78	
聚丙烯酰胺	水	30	6.31	0.80	20～50
	水	30	68	0.66	1～20
	1mol·dm^{-3} $NaNO_3$	30	37.5	0.66	
聚甲基丙烯酸甲酯	苯	25	3.8	0.79	24～450
	丙酮	25	7.5	0.70	3～93
聚己内酰胺	40%H_2SO_4	25	59.2	0.69	0.3～1.3
聚醋酸乙烯酯	丙酮	25	10.8	0.72	0.9～2.5
聚丙烯腈	二甲基甲酰胺	25	16.6	0.81	5～27
右旋糖苷	水	25	92.2	0.5	
	水	37	1.41	0.46	

测定高聚物的$[\eta]$，使用毛细管黏度计最方便。本实验可采用乌氏黏度计，它的最大优点是溶液的体积对测定没有影响，所以可以在黏度计内采取逐渐稀释的方法，得到不同浓度的溶液。它的构造见图3-25-2。其中毛细管H的直径和长度，以及E球大小的选择，应根据所用溶剂的黏度而定，使溶剂流出时间在100秒以上，但毛细管直径不宜小于0.5mm，否则测定时容易阻塞。F球的容积应为从B管a处到F球底端的总体积的8～10倍，这样可以稀释到起始浓度的1/5左右。为使F球不致过大，E球的体积以4～5ml好。同时D球至F球底端的距离，应尽量小。

液体的黏度可以用体积V的液体，流过毛细管的时间t来衡量。液体在毛细管黏度计内，因重力作用而流出时，遵守下式：

$$\frac{\eta}{\rho}=\frac{\pi hgr^4}{8lV}t-m\frac{V}{8\pi lt} \tag{3-25-8}$$

式中，η为液体的黏度，ρ为液体的密度，l为毛细管的长度，r为毛细管的半径，g为重力加速度，h为流经毛细管液体的平均液柱高度，V为流经毛细管液体体积，t为V体积的液体流出时间，m为毛细管末端校正参数，若$l>r$时，m=1。若指定某一支黏度计，式(3-25-8)

式中的许多数值都一定，则此式可以写成下面的形式：

$$\frac{\eta}{\rho}=At-\frac{B}{t}$$

式中 $B<1$，若流出时间在 100 秒以上，则第二项可以忽略，上式即为：

$$\frac{\eta}{\rho}=At$$

通常测定分子量时溶液都较稀（$c<1\times10^{-2}\mathrm{g\cdot ml^{-1}}$），所以溶液的密度与溶剂的密度近似相等，当用同一支黏度计，对溶剂和溶液进行测定时，则

$$\eta_r=\frac{\eta}{\eta_0}=\frac{t}{t_0} \tag{3-25-9}$$

式中，t 为溶液的流出时间，t_0 为溶剂的流出时间。

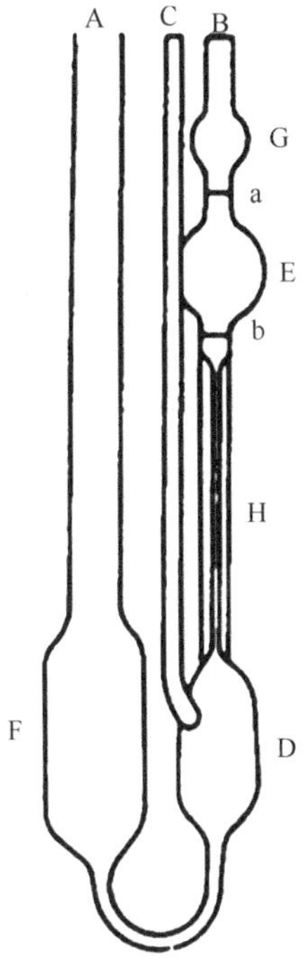

图 3-25-2　乌氏黏度计

三、实验室提供的仪器与试剂

仪器：SYP-Ⅲ玻璃恒温水浴装置、乌氏黏度计、洗耳球、移液管、容量瓶、秒表。

试剂：聚乙烯醇。

四、实验任务

1. 查阅有关高分子化合物相对分子质量测定的文献资料，学习黏度法测定高分子相对分子质量的基本原理。

2. 利用乌氏黏度计设计完成聚乙烯醇相对分子质量的测定。要求设计出测定操作步骤及实验注意事项；列出拟使用的仪器设备，并画出仪器装置图。

3. 完成实验的具体操作。做好实验记录。完成实验报告。

五、数据记录与处理

1. 按表 3-25-2 记录并计算各种数据。

表 3-25-2　实验数据记录表

记录项		1	2	3	4	5
溶液量/ml						
溶剂量/ml						
溶液浓度 c/（g · 100ml^{-1}）						
t	1					
	2					
	3					
	平均值					
$\eta_r=\frac{t}{t_0}$						
$\eta_{sp}=\eta_r-1$						
$\ln\eta_r$						
$\frac{\eta_{sp}}{c}$						
$\frac{\ln\eta_r}{c}$						

2. 作$\frac{\ln\eta_r}{c}\sim c$ 和$\frac{\eta_{sp}}{c}\sim c$图，并外推到$c\longrightarrow 0$处，求出$[\eta]$。

3. 根据式（2-25-7），计算聚乙烯醇的平均分子量。

实验 26　共沸精馏—用苯作共沸剂制备无水乙醇

一、实验目的

1. 巩固并加深理解课堂所学的共沸精馏的有关内容，着重掌握选取共沸剂并用加共沸剂的方法进行分离的原理和方法。

2. 熟悉实验室的精馏设备和操作方法。

3. 会运用三元相图表示溶液各组成的变化过程。

二、实验原理

对于能形成共沸物的混合溶液来说，普通的精馏方法是很难进行分离的。对于乙醇—水溶液，因为乙醇同水形成了共沸物。在常压下，共沸组成为4.43%的水，95.57%的乙醇。共沸点为78.15℃。即当乙醇—水溶液浓度为95.6%时，溶液的气液相组成（平衡组成）相等。这就无法用普通精馏的方法将乙醇溶液再浓缩，即得不到纯度高于 95.6%的乙醇。但我们可根据共沸精馏的原理，选择一个好的共沸剂，使之与水和乙醇形成三元共沸物，从而达到分离目的，即可得到无水乙醇。

表3-26-1列举了常压下几种共沸剂与乙醇、水形成三元共沸物的特性。在表3-26-1所列共沸剂中（组分3），以苯应用最早、最广。

表 3-26-1　三元共沸物特性表

组分			各纯组分沸点/℃			三元共沸点/℃	共沸物组成 w/%		
1	2	3	1	2	3		1	2	3
乙醇	水	苯	78.3	100	80.2	64.85	18.5	7.4	74.1
乙醇	水	乙酸乙酯	78.3	100	77.15	70.23	8.4	9.0	82.6
乙醇	水	甲苯	78.3	100	110.7	74.55	—	—	—
乙醇	水	三氯甲烷	78.3	100	61.15	55.5	4.0	3.5	92.5

乙醇（A）、水（W）、苯（B）三者之间可以形成一个三元共沸物，它们之间存在的共沸物情况列于表3-26-2。

表 3-26-2　乙醇、水、苯之间存在共沸物的情况

共沸物	共沸点/℃	共沸物组成 w/%		
		A	W	B
乙醇-水（二元）	78.15	95.57	4.43	—
苯-水（二元）	69.25	—	8.83	91.17
乙醇-苯（二元）	68.24	32.37	—	67.63
乙醇-水-苯（三元）	64.85	18.5	7.4	74.1

当添加适当数量的苯于工业乙醇中蒸馏时，则乙醇-水-苯三元共沸物首先馏出，其次为乙醇-苯二元共沸物，无水乙醇最后留于釜底，其蒸馏过程以图3-26-1说明。

正三角顶点 *A*、*W*、*B* 分别表示乙醇，水和苯纯物质。*T* 点为 *A-W-B* 三元共沸物组成，*C* 点表示 *A-W* 二元共沸物组成，*D* 点表示 *A-B* 的二元共沸物组成，*E* 点为 *W-B* 的二元共沸物组成。曲线 *LNM* 为饱和溶解度曲线，该线以下为两相共存区，系线两端表示两相组成。该曲线受温度的影响而上下移动。

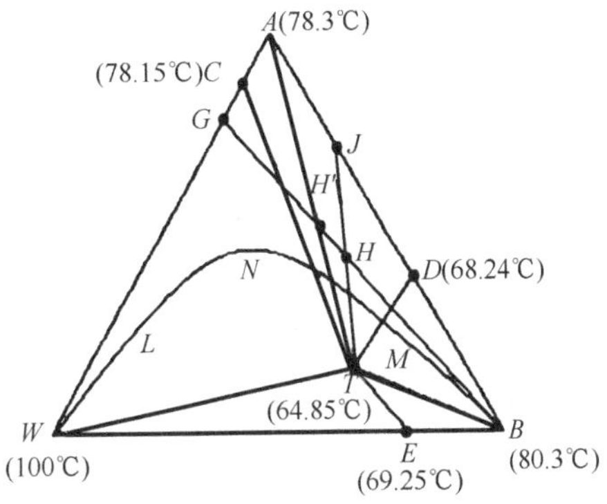

图 3-26-1　乙醇—水—苯三元相图

设以 95%的乙醇为原料（图 3-26-1 中 *G* 点），加入共沸剂，各组成沿 *GB* 线变化，设结果得组成为 *H* 的混合物。蒸馏时，若塔足够高，则三元共沸物先馏出（64.85℃），组成为 *T* 点组成。而釜中残液的组成沿 *THJ* 线向 *J* 点移动。当达到 *J* 点时，残液中已无水分，塔顶温度升高到 68.24℃，馏出 *A-B* 二元共沸物（组成为 *D* 点所示），残液组成沿 *JA* 线向 *A* 点移动，蒸馏温度达到 78.3℃时，塔底残液即为无水乙醇。

由图 3-26-1 所示，*H* 点表示最初塔釜混合物的组成，若加苯后使其组成正好在 *AT* 线与 *GB* 线的交点处（*H*' 点），则三元共沸物馏出后，残液变成纯乙醇，此时的共沸剂用量为理论共沸剂用量，但实际操作时宜添加稍过量的苯，使脱水完全。首先馏出的大部分物质为三元共沸物（其总组成为 *T* 点所示），冷凝后分为两相，一相以苯为主，称苯富相；一相以水为主，称水富相。一般可利用分相器分层后将苯相回流，水相采出，使共沸剂不至浪费，也可使精馏时间缩短。但为便于分析计算，亦可不采用分相回流，而是混相回流。继三元共沸物后，馏出物为均相的二元共沸物（组成为 *D* 点所示）。

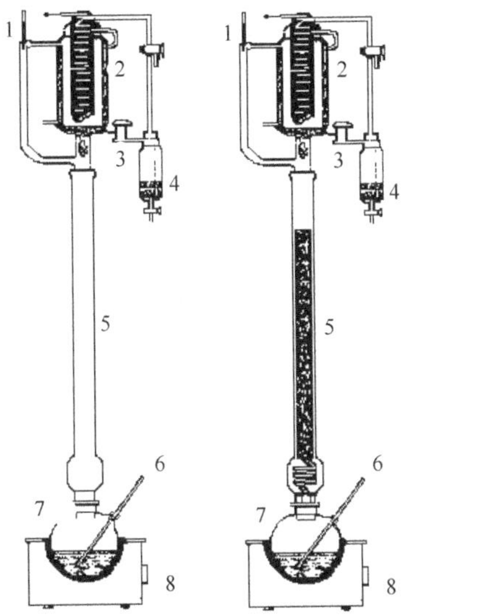

图 3-26-2　精馏塔装置图

1—塔顶温度计；2—精馏头（冷凝器）；3—出料阀；4—接收瓶；5—精馏塔（内装填料）；6—塔底温度计；7—三口烧瓶（再沸器）；8—电热套

精馏实验装置见图 3-26-2。

三、实验室提供仪器与试剂

仪器：玻璃精馏塔（内装不锈钢网状填料）、三口蒸馏烧瓶、电加热套、阿贝折光仪、超级恒温水浴。

试剂：工业乙醇（约含 95%乙醇、5%水）、苯（分析纯、含苯 99.5%）。

四、实验任务

1. 查阅相关文献，掌握三元相图的绘制方法；了解共沸精馏的有关原理。

2. 原料配制：计算 100g 95%乙醇的加苯量，之后按苯量略为过量的原则配制水-乙醇-苯三元溶液。

3. 将原料加入釜中，先开塔顶冷却水，再开塔釜电加热设备。

4. 从塔顶见液体滴下起，全回流 20 分钟，然后以回流比 R=10 出料，注意观察塔顶温度变化及馏出液分层情况。

5. 当塔顶温度略有升高，塔顶馏出物由混浊（分层）变为清晰时（不分层），更换出料接收瓶，并加大回流比，使 R=13～15。继续出料，观察塔顶温度变化情况，当顶温超过 70 ℃时，回流比加大至 20 : 1。

6. 将更换下来的接收瓶中的出料称重，然后倒入分液漏斗分层（分液漏斗有夹套，保温在 25℃，待分层清晰后，分出水层及油层，称重，并分别测两层的折光率 n_D^{25} 。

7. 当塔顶温度升至 73℃以上时，停止出料，抽取釜液测其折光率 n_D^{25} ，当与市售无水乙醇（浓度得不小于 99.5%）折光率相近时，即认为合格。

8. 关闭塔釜电热设备，塔顶不见液体滴出后，再过 10 分钟关闭冷却水。

9. 实验自始至终每隔 15 分钟记录一次釜温、顶温及回流比等数据。

五、数据记录及处理

1. 根据表 3-26-3、表 3-26-4 绘出组成-折光率曲线，在曲线中查出馏出液的组成。

2. 作正三角相图。画出 25℃时的溶解度曲线，系线，标出褶点。根据所测组成标出三元共沸点，原料点，并在图中表示本实验的精馏过程。

表 3-26-3　水-苯-乙醇系统在 25℃下的平衡组成

苯富相 W%			水富相 W%		
乙醇	苯	折光率 n_D^{25}	乙醇	苯	折光率 n_D^{25}
1.85	98.00	1.4940	15.61	0.19	1.3431
3.85	95.82	1.4897	30.01	0.65	1.3520
6.21	93.32	1.4861	38.50	1.71	1.3573
7.91	91.25	1.4829	44.00	2.88	1.3615
11.00	0.81	1.4775	49.75	8.95	1.3700
14.68	83.50	1.4714	52.28	15.21	1.3787
18.21	79.15	1.4650	51.72	22.73	1.3890
22.30	74.00	1.4575	4995	2911	1.3976
23.58	72.41	1.4551	48.85	31.85	1.4011
30.85	62.01	1.4408	43.42	42.89	1.4152

褶点组成：水 10.25%；乙醇 37.65%；苯 52.10%

表 3-26-4　苯-乙醇系统组成与折光率的关系

乙醇含量 W%	折光率 n_D^{25}	乙醇含量 W%	折光率 n_D^{25}
0	1.49803	46.78	1.42815
2.71	1.49401	57.22	1.42392*
5.87	1.48885	71.00	1.39555
12.79	1.47790	84.92	1.37772
1.934	1.47667*	91.60	1.36923
36.78	1.44219	100	1.35929

六、结果与讨论

1. 讨论以下问题

（1）形成共沸物的条件。

（2）共沸剂的选择条件。

（3）什么是理论共沸剂量？共沸剂加入量如何计算？共沸剂加入量过多或过少有什么不好？

（4）两次增大回流比的目的是什么？

（5）为什么要先停电热，后关冷却水？

2. 以论文形式撰写实验报告。

实验 27　石墨相氮化碳的制备及其光催化性能研究

一、实验目的

1. 了解有机共轭聚合物石墨相氮化碳的结构、特点及其在光催化领域的应用。
2. 掌握石墨相氮化碳光催化剂的合成、表征及其催化活性评价的实验方法。
3. 培养学生的科学研究素养及科技论文撰写能力。

二、实验原理

半导体光催化原理是以能带理论为基础的，如图 3-27-1 所示，在能量大于半导体光催化剂带隙的入射光照射下，电子被激发，从价带（VB）跃迁到导带（CB），在价带留下空穴，形成光生电子（e^-）-空穴（h^+）对。其中一部分（e^-）-（h^+）对迁移到半导体表面进行复合，一部分在体相复合，还有一部分发生分离。光生电子迁移到半导体表面参与还原反应，光生空穴传输到半导体表面参与氧化反应。光生电子能将吸附在半导体表面的 H_2O 还原成 H_2，也可以将吸附在表面的分子氧还原为超氧自由基（O_2^-）。由于（O_2^-）具有很强的氧化性，能将有机污染物氧化分解为 H_2O 和 CO_2 等小分子而净化环境。光生空穴本身具有氧化性，可以将吸附在表面的 H_2O 氧化产生 O_2，也可以直接氧化分解有机污染物。

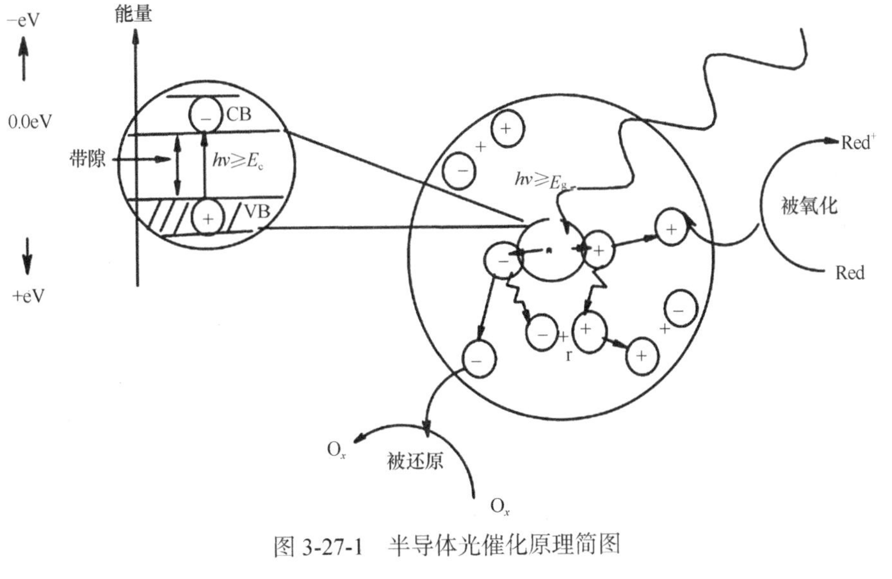

图 3-27-1　半导体光催化原理简图

从上述光催化的基本过程可以看出，参与氧化还原反应的光生电子和空穴的多少在一定程度上决定了光催化活性的高低。影响半导体材料光催化活性的主要因素包括半导体带隙、光生（e^-）-（h^+）对的分离效率、光催化反应的氧化还原电位、半导体比表面积等。

有机半导体光催化材料是一类分子结构中具有 C=C、C=N 等双键的 π 离域电子所形成的长程共轭体系，这种共轭重复单元数的增加导致大 π-键的成键轨道和反键轨道的能级差小于 4 eV 而属于半导体材料。如图 3-27-2 所示，聚合物半导体石墨相氮化碳（g-C_3N_4）具有类似石墨的片层结构，片层以 3-三嗪环为基本结构单元。3-三嗪环中，C、N 原子均发生 sp2 轨道杂化，所有原子的 p 轨道相互重叠而形成离域 π 键，结构中每个碳氮键的键长和键能都相等，这是一种与苯环结构类似的有机环状结构。其能带结构与分解水产氢或产氧的电势相匹配，带隙约为 2.7 eV，理论上足以满足水分解的热力学要求（1.23 eV）。由于其优异的化学稳定性和独特的电子能带结构，已被作为一种廉价、稳定、不含金属组分的可见光催化剂广泛应用于太阳能的光催化转化（如光解水产氢产氧、有机选择性光合成和有机污染物的降解等）中。

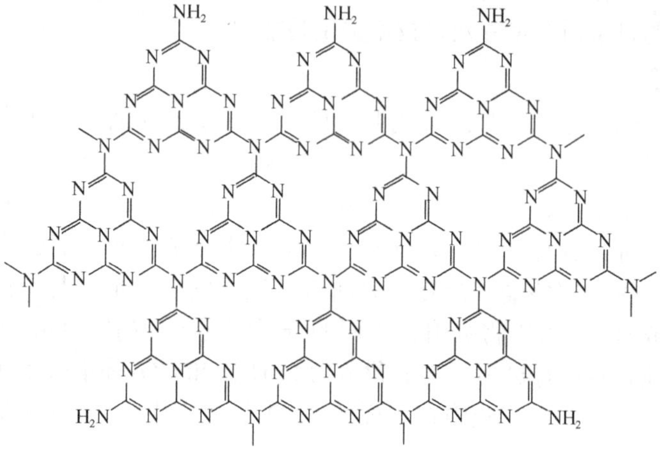

图 3-27-2　g-C_3N_4 的化学结构

本实验要求通过查阅文献深入了解石墨相氮化碳（g-C_3N_4）光催化剂的结构、性质、反应条件及产物的分析方法，设计合成石墨相氮化碳（g-C_3N_4）光催化剂，并通过降解甲基橙溶液来评价产物的光催化活性。

三、实验室提供的仪器与试剂

实验仪器：管式炉、真空干燥箱、玻璃反应器、光催化反应器、磁力搅拌器、350 W 氙灯等。

表征仪器：X 射线粉末衍射仪，扫描电子显微镜，高分辨率透射电子显微镜，紫外-可见分光光度计，比表面分析仪等。

试剂：三聚氰胺、双氰胺、氮气、丙酮、乙醇、甲基橙等。

四、实验任务

1. 确定合成催化剂所用的原料和制备方法，包括所用仪器设备、反应条件、产物的分析方法和光催化活性的考察方法。设计详细的实验步骤（具体实验方案查阅相关文献资料后自行设计，以下步骤仅供参考）。

2. 石墨相氮化碳（g-C_3N_4）光催化剂的制备。

（1）取适量双氰胺于石英舟，将石英舟置于管式炉中，通氮气（0.4 L· min^{-1}）20～30 分钟后升温至设定温度（氮气流速为 0.3 L· min^{-1}），保持一定时间。

（2）在氮气保护下自然冷却到室温，得到黄色样品。

（3）将所得黄色样品研磨成粉末后分别用去离子水和无水乙醇洗涤 3 次，最后经过 60℃真空干燥 12 小时得到石墨相氮化碳样品备用。

3. 产物的分析。

（1）利用 X 射线粉末衍射（XRD）对产品物相进行分析。

（2）利用扫描电子显微镜（SEM）及透射电子显微镜（TEM）对产物的形貌进行分析。

（3）利用 N_2 等温吸-脱附对材料进行比表面分析，总比表面积由 BET 方程得出。

（4）利用紫外-可见光谱确定产物的光谱吸收范围。

4. 考察产物降解有机污染物甲基橙的光催化活性。

催化实验装置主要包括 4 部分：石英玻璃反应器（用以过滤掉波长小于 400 nm 的紫外光）、350W 氙灯光源、磁力搅拌器。

甲基橙的初始浓度为 10 $mg\cdot L^{-1}$，催化剂 g-C_3N_4 的用量均为 0.5 $g\cdot L^{-1}$。

实验时在反应器中加入 50 ml 甲基橙溶液，加入光催化剂，并在暗处搅拌至吸附平衡（约 1 小时），然后开启氙灯光照。每隔一定时间取样，并将所取样品放入离心机中离心分离，取上层清液用紫外–可见分光光度计测其在 461nm 处的吸光度，通过甲基橙紫外-可见吸收标准曲线（C=13.845A–0.03032，其中 C 为浓度，A 为吸光度）计算得到甲基橙溶液在不同光照时间下的浓度。

五、注意事项

1. 在催化剂制备过程中注意温度的控制，待冷却后再取出样品，以防烧伤。

2. 反应生成的氨气对呼吸系统有刺激性，可引起咳嗽、哮喘等，故将出气孔通入通风橱，避免吸入有害气体。

3. 实验过程中产生的废物需做无害化处理。

六、结果与讨论

1. 根据表征结果，鉴别所得产物的晶相组成、形貌形态、光谱吸收范围、表面性质等，进而判断合成方法及合成条件的优劣。

2. 根据吸光度随时间的变化曲线，计算所得样品对甲基橙降解的光催化活性，评价光催化性能。

3. 讨论以下问题：①影响半导体光催化活性的因素有哪些；②石墨相氮化碳催化剂在光催化领域有哪些应用；③如何提高氮化碳的光催化活性；④光催化降解时为何在开灯反应前先在黑暗条件下搅拌 1 小时。

4. 以科技论文的形式撰写实验报告。

实验 28　热效应的测定

一、实验目的

通过设计实验测定中和反应热、物质的生成热、液体燃烧热、化学反应热等热效应，综合全面地了解量热学的基本原理，以及量热计的原理和使用方法。

二、实验原理

实验原理参见本书实验 3 以及查阅物理化学“量热”基础知识和技术的相关资料。

三、实验室提供仪器及试剂

仪器：热量计及相关附件。

试剂：氢氧化钠、盐酸、乙酸、氯化铵、氨水、甲醇、环己烷、丙三醇等。

四、实验任务

根据量热学的基本原理及在基础实验中掌握的量热的实验方法和技术，设计合适的实验方案，测定相应的热效应，根据实验结果写出实验报告。

1. 测定酸碱反应的中和热

（1）强酸和强碱的中和热。如盐酸和氢氧化钠的中和热。

（2）弱酸和强碱的中和热。如乙酸和氢氧化钠的中和热。

2. 测定氯化铵的生成热。

3. 测定环己烷、丙三醇等液体样品的燃烧热。

4. 测定下列反应的反应热

（1）$CH_3OH(l)+\frac{3}{2}O_2(g) = CO_2(g)+2H_2O(g)$

（2）$\frac{3}{2}H_2(g)+\frac{1}{2}N_2(g) = N_3H(g)$

要求设计出实验步骤、注意事项；列出拟使用的仪器，并画出仪器装置图。

五、结果与讨论

1. 根据实验结果，计算相应酸碱反应的中和热和氯化铵的生成热。

2. 计算环己烷、丙三醇等液体试剂的燃烧热。

3. 计算所测定反应的反应热。

4. 完成实验报告。

实验 29　电导滴定法测定溶液各组分浓度

一、实验目的

1. 学会电导滴定法测定混酸溶液中各组分浓度的方法。

2. 掌握多曲线拟合的数据分析方法。

二、实验原理

在一定温度下，电解质溶液的电导率与溶液中的离子组成和浓度有关，而滴定过程中体系的离子组成和浓度都在不断变化，因此可以利用溶液电导率的变化来指示反应终点。

测定混酸溶液的浓度可以用酸碱滴定法，此法对滴定剂及指示剂的选择、滴定终点的判断都有严格的要求。而在滴定过程中，离子浓度不断变化，电导率也不断变化，利用电导率变化的转折点，也可以确定滴定终点。电导滴定的优点是不用指示剂，不存在滴定过度的问题，尤其对有色溶液和沉淀反应都能得到较好的结果，并能实现自动记录。本实验要求采用电导滴定法测定硫酸和草酸混合溶液各组分的浓度。

用 NaOH 滴定 H_2SO_4 和 $H_2C_2O_4$ 混合液的反应方程式如下：

$$2NaOH + H_2SO_4 = Na_2SO_4 + 2H_2O$$

$$2NaOH + H_2C_2O_4 = Na_2C_2O_4 + 2H_2O$$

在反应开始前，由于溶液中 H^+浓度很大，所以溶液的电导率很大。随着 NaOH 的滴入，溶液中的H^+不断与OH^-结合成电导率很小的H_2O，因此，在理论终点前，溶液的电导率不断下降（$H_2C_2O_4$未完全反应时，曲线会有一小段上升），到达理论终点时（H_2SO_4和$H_2C_2O_4$均已反应）电导率为最低。随着滴定的进行，由于NaOH过量，溶液中OH^-浓度不断增大，溶液的电导率随NaOH的滴入而不断增大。由滴定曲线最后的转折点即可确定滴定终点，由此可算出硫酸和草酸混合溶液的总酸度。

用$KMnO_4$滴定$H_2C_2O_4$的反应方程式如下：

$$2KMnO_4 + 3H_2SO_4 + 5H_2C_2O_4 = 2MnSO_4 + K_2SO_4 + 10CO_2\uparrow + 8H_2O$$

同理，由于反应生成CO_2和H_2O，溶液电导率先不断下降，到达滴定终点时电导率达到最低点。之后随着$KMnO_4$溶液的滴入，电导率上升。由滴定曲线的转折点即可算出$H_2C_2O_4$的浓度。二者相减便可求出混合液中H_2SO_4的浓度。

三、实验室提供仪器及试剂

仪器：电导率仪、电导电极、磁力搅拌器等。

试剂：NaOH标准溶液（需要标定）、$KMnO_4$标准溶液（需标定）、H_2SO_4、$H_2C_2O_4$等。

四、实验任务

1. 查阅有关资料，了解酸碱滴定法和电导滴定法的应用范围，明确电导滴定法确定溶液浓度的原理及曲线拟合方法。

2. 根据所查文献确定反应条件：确定所用反应类型及依据，仪器设备需求，绘制实验装置图，确定标准溶液种类。

3. 考察不同浓度下混酸溶液电导率随标准溶液加入量的变化。

4. 设定混酸浓度范围和实验数据的处理方法。

5. 改变反应类型，同法设计实验方案。进行实验。完成实验报告。

五、注意事项

1. 高锰酸钾有毒，且有一定的腐蚀性，要小心使用。浓溶液或结晶对皮肤有腐蚀性，对组织有刺激性，避免与皮肤接触。氢氧化钠在空气中易吸收水蒸气和二氧化碳，对其必须密封保存，且要用橡胶瓶塞。

2. 测量电导率时，被测溶液应放入封闭的电导池，否则其电导率会发生变化，这是因为空气中的二氧化碳溶入后，就变成了具有导电性能的碳酸根离子而影响测量值。

3. 盛放被测溶液的容器必须清洁，无离子污染。

4. 电极不用时，应清洗至空白电位值，并插入蒸馏水中保存，以免其表面发生变化。

六、结果与讨论

1. 在用NaOH滴定混酸溶液的实验中，记录消耗NaOH溶液的体积和所测电导率κ的值。

2. 在用$KMnO_4$滴定草酸的实验中，记录消耗$KMnO_4$溶液的体积和所测电导率的κ值。

3. 分别以消耗的溶液体积对所测电导率κ作图。

4. 讨论以下问题　①酸碱滴定法和电导滴定法的实验原理是什么？②用电导滴定法确定混酸溶液各组分的浓度，应该具备哪些条件？③硫酸和草酸的配比对电导滴定法确定混酸溶液中各组分浓度有何影响？④用NaOH滴定混酸溶液的实验中，滴定曲线如何变化？⑤如何根据图像用多曲线拟合法求出混酸溶液中各组分的浓度？

5. 完成实验报告。

实验 30　琼脂糖凝胶电泳

一、实验目的

1. 了解电泳技术的测定原理和发展状况。
2. 了解凝胶电泳的分析原理和各种凝胶电泳的适用范围。
3. 了解影响凝胶电泳的因素。

二、实验原理

琼脂糖凝胶电泳是用琼脂糖作为支持介质的一种区带电泳方法，其分析原理与其他支持物电泳最大的区别是：它兼有“分子筛”和“电泳”的双重作用，电泳时因凝胶含水量大（98%～99%），近似自由电泳，所以固体支持物的影响小，电泳速率快，区带整齐。而且由于琼脂糖不含带电荷的基团，电渗影响很小，是一种很好的电泳材料，分离效果较好。琼脂糖凝胶具有网状结构，物质分子通过时会受到阻力，大分子物质在泳动时受到的阻力大。不同蛋白质分子大小不同，且带有不同电荷，在电场中受力大小不同，因此迁移方向和迁移速率不同，根据这个原理可将它们分开。

有关区带电泳的实验技术可参考本书实验 17。

三、实验室提供仪器与试剂

仪器：电泳仪、水浴锅、高速离心机、载玻片、低温冰箱等。

试剂：苏丹黑染色液、巴比妥缓冲液、琼脂糖凝胶、血清等。

四、实验任务

1. 查阅资料了解电泳技术的测定原理和发展状况。明确凝胶电泳的测试对象、测试方法和具体操作步骤。
2. 根据所查资料确定反应条件：确定所用原料，仪器设备、实验装置等。
3. 以琼脂糖凝胶为电泳材料，考察不同因素对大分子物质分离效果的影响。

五、注意事项

①琼脂糖凝胶浓度通常选 0.5%～2%。浓度过低，凝胶固性差，易碎；浓度高，会使分子大小接近的蛋白质分子分离不开。②加热融化琼脂时，须防止水分蒸发过多。琼脂糖凝胶最好随用随制，以免凝胶表面干燥，影响分离效果。③缓冲溶液也要现用现配。④上样量要大小适当，太多会导致条带模糊，太小又会使信号太弱而缺带。点样口要大小适宜，边缘整齐、光滑，否则会影响电泳图谱。⑤电泳时电压和温度不宜太高，否则会出现条带模糊或不规则带迁移现象，甚至出现缺带。

六、结果与讨论

1. 根据实验结果分析几种蛋白质分别向哪极移动，并分离出几个区带。
2. 讨论以下问题

（1）列举 3 种以上电泳方法及其分离原理。

（2）憎液溶胶、蛋白质和核酸的分别采用哪种电泳方法比较好？说明理由。

（3）电泳的本质是胶粒或大分子带电荷，为什么区分不同条带通常直接用相对分子质量而无需用电荷数？

（4）电泳时缓冲溶液的选择和离子强度对样品所带电荷及电泳图谱的影响很大，试举例说明。

3. 以论文形式撰写实验报告。

主要参考书目

北京大学化学系物理化学教研室实验课教学组. 2002. 物理化学实验. 4 版. 北京：北京大学出版社.

崔黎丽. 2007. 物理化学实验指导. 北京：人民卫生出版社.

复旦大学. 2004. 物理化学实验. 3 版. 北京：高等教育出版社.

傅献采，沈文霞，姚天扬. 2005. 物理化学. 5 版. 北京：高等教育出版社.

李长顺，杨红梅，曹红翠. 2010. 物理化学实验指导. 西宁：青海人民出版社.

孙尔康，高卫，徐维清. 2010. 物理化学实验. 2 版. 南京：南京大学出版社.

天津大学物理化学教研室. 2009. 物理化学. 5 版. 北京：高等教育出版社.

朱万春，张国艳，李克昌. 2017. 基础化学实验——物理化学实验分册. 2 版. 北京：高等教育出版社.

附 表

附表 1 国际单位制（SI）的基本单位

物理量	单位名称	单位符号	
		国际	中文
长度	米（meter）	M	米
质量	千克（kilogram）	kg	千克
时间	秒（second）	s	秒
电流	安培（Ampare）	A	安
热力学温度	开尔文（Kelvin）	K	开
物质的量	摩尔（mole）	mol	摩
发光强度	坎德拉（candela）	cd	坎

附表 2 国际单位制的一些导出单位

物理量	单位名称	代号		用国际制基本单位表示的关系式
		国际	中文	
频率	赫兹	Hz	赫	s^{-1}
力	牛顿	N	牛	$m \cdot kg \cdot s^{-2}$
压力	帕斯卡	Pa	帕	$m^{-1} \cdot kg \cdot s^{-2}$
能、功、热	焦耳	J	焦	$m^2 \cdot kg \cdot s^{-2}$
功率、辐射通量	瓦特	W	瓦	$m^2 \cdot kg \cdot s^{-3}$
电量、电荷	库仑	C	库	$s \cdot A$
电位、电压、电动势	伏特	V	伏	$m^2 \cdot kg \cdot s^{-3} \cdot A^{-1}$
电容	法拉	F	法	$m^{-2} \cdot kg^{-1} \cdot s^4 \cdot A^2$
电阻	欧姆	Ω	欧	$m^2 \cdot kg \cdot s^{-3} \cdot A^{-2}$
电导	西门子	S	西	$m^{-2} \cdot kg^{-1} \cdot s^3 \cdot A^2$
磁通量	韦伯	Wb	韦	$m^2 \cdot kg \cdot s^{-2} \cdot A^{-1}$
磁感应强度	特斯拉	T	特	$kg \cdot s^{-2} \cdot A^{-1}$
电感	亨利	H	亨	$m^2 \cdot kg \cdot s^{-2} \cdot A^{-2}$
光通量	流明	lm	流	$cd \cdot sr$
光照度	光照度	lx	勒	$m^{-2} \cdot cd \cdot sr$
黏度	帕斯卡秒	Pa · s	帕 · 秒	$m^{-1} \cdot kg \cdot s^{-1}$
表面张力	牛顿每米	N/m	牛/米	$kg \cdot s^{-2}$
热容量、熵	焦耳每开	J/K	焦/开	$m^2 \cdot kg \cdot s^{-2} \cdot K^{-1}$
比热	焦耳每千克每开	J/（kg · K）	焦/（千克·开）	$m^2 \cdot s^{-2} \cdot K^{-1}$
电场强度	伏特每米	V/m	伏/米	$m \cdot kg \cdot s^{-3} \cdot A^{-1}$
密度	千克每立方米	kg/m^3	千克/米^3	$kg \cdot m^{-3}$

附表 3　国际制词冠

因数	词冠	名称	词冠符号	因数	词冠	名称	词冠符号
10^{12}	tera	太	T	10^{-1}	deci	分	d
10^{9}	giga	吉	G	10^{-2}	centi	厘	c
10^{6}	mega	兆	M	10^{-3}	milli	毫	m
10^{3}	kilo	千	k	10^{-6}	micro	微	μ
10^{2}	hecto	百	h	10^{-9}	nano	纳	n
10^{1}	deca	十	da	10^{-12}	pico	皮	p
				10^{-15}	femto	飞	f
				10^{-18}	atto	阿	a

附表 4　常用物理化学常数

常数名称	符号	数值	单位（SI）
真空光速	c	2.99792458	10^{8} 米·秒$^{-1}$
基本电荷	e	1.6021892	10^{-19} 库仑
阿佛加特罗常数	N_A，L	6.022045	10^{23} 摩$^{-1}$
原子质量单位	n	1.6605655	10^{-27} 千克
电子静质量	m_e	9.109534	10^{-31} 千克
质子静质量	m_p	1.6726485	10^{-27} 千克
法拉第常数	F	9.648456	10^{4} 库仑·摩$^{-1}$
普朗克常数	h	6.626176	10^{-34} 焦耳·秒
电子质荷比	e/m_e	1.7588047	10^{11} 库仑·千克$^{-1}$
里德堡常数	R_∞	1.097373177	10^{7} 米$^{-1}$
玻尔磁子	μ_B	9.274078	10^{-24} 焦耳·特$^{-1}$
摩尔气体常数	R	8.31441	焦耳·开$^{-1}$·摩$^{-1}$
玻尔兹曼常数	k	1.380662	10^{-23} 焦耳·度$^{-1}$
万有引力常数	G	6.6720	10^{-11} 牛顿·米^{2}·千克$^{-2}$
重力加速度	g	9.80665	米·秒$^{-2}$

附表 5　不同温度下水的饱和蒸汽压

t/℃	P/kPa	t/℃	P/kPa	t/℃	P/kPa	t/℃	P/kPa
0	0.610	30	4.24	60	19.92	90	70.10
5	0.872	35	5.62	65	25.05	92	75.60
10	1.23	40	7.38	70	31.16	94	81.45
15	1.70	45	9.58	75	38.55	96	87.68
20	2.34	50	12.35	80	47.35	98	94.30
25	3.17	55	15.74	85	57.81	100	101.32

附表 6　不同温度下液体的密度 ρ / (kg·m^{-3})

t/℃	水	苯	甲苯	乙醇	正丁醇	正戊醇	乙酸乙酯	汞	醋酸
0	0.99984		0.886	0.80625	0.8442	—	—	13.5955	1.0718
5		—	—	0.80207	—	—	0.9186	13.5832	1.0660
10	0.99997	0.887	0.875	0.79788	0.8346	—	0.9127	13.5708	1.0603
11	0.99970	—	—	0.79704	—	—	—	13.5684	1.0591
12	0.99961	—	—	0.79620	—	—	—	13.5659	1.0580
13	0.99950	—	—	0.79535	—	—	—	13.5634	1.0568
14	0.99938	—	—	0.79451	—	—	—	13.5610	1.0557
15	0.99925	0.883	0.870	0.79367	—	—	—	13.5585	1.0546
16	0.99910	0.882	0.869	0.79283	—	—	—	13.5561	1.0534
17	0.99895	0.882	0.867	0.79198	—	—	—	13.5536	1.0523
18	0.99878	0.881	0.866	0.79114	—	—	—	13.5512	1.0512
19	0.99860	0.880	0.865	0.79029	—	—	—	13.5487	1.0500
20	0.99841	0.879	0.864	0.78945	0.8252	0.8152	0.9008	13.5462	1.0489
21	0.99821	0.879	0.863	0.78860	—	—	—	13.5438	1.0478
22	0.99800	0.878	0.862	0.78775	—	0.8144	—	13.5413	1.0467
23	0.99777	0.877	0.861	0.78691	—	—	—	13.5389	1.0455
24	0.997541	0.876	0.860	0.78606	—	—	—	13.5364	1.0444
25	0.99730	0.875	0.859	0.78522	—	0.8120	—	13.5340	1.0433
26	0.997048	—	—	0.78437	—	—	—	13.5315	1.0422
27	0.99679	—	—	0.78352	—	—	—	13.5291	1.0410
28	0.99652	—	—	0.78267	—	—	—	13.5266	1.0399
29	0.99624	—	—	0.78182	—	—	—	13.5242	1.0388
30	0.99595	0.869	—	0.78097	0.8157	0.8081	0.8888	13.5217	1.0377
40	0.99565	0.858	—	0.772	0.8062	0.8006	—	13.4973	—
50	0.99222	0.847	—	0.763	0.7966	0.7930	—	13.4729	—
90	0.98804 0.96532	0.836	—	0.754	0.7548	—	—	13.3762	—

附表 7　不同温度下水的折光率

t/℃	n_D	t/℃	n_D	t/℃	n_D	t/℃	n_D
10	1.33370	16	1.33331	22	1.33281	28	1.33219
11	1.33365	17	1.33324	23	1.33272	29	1.33208
12	1.33359	18	1.33316	24	1.33263	30	1.33196
13	1.33352	19	1.33307	25	1.33252		
14	1.33346	20	1.33299	26	1.33242		
15	1.33339	21	1.33290	27	1.33231		

附表 8　几种常用液体的折光率

物质	t/℃ 15	t/℃ 20	物质	t/℃ 15	t/℃ 20
苯	1.50439	1.50110	四氯化碳	1.46305	1.46044
丙酮	1.38175	1.35911	乙醇	1.36330	1.36048
甲苯	1.4998	1.4968	环己烷	1.42900	—
醋酸	1.3776	1.3717	硝基苯	1.5547	1.5524
氯苯	1.52748	1.52460	正丁醇	—	1.39909
氯仿	1.44853	1.44550	二硫化碳	1.62935	1.62546

附表 9　低共熔混合物的组成和低共熔温度

组分Ⅰ 金属	组分Ⅰ $t_{C.m}$/℃**	组分Ⅱ 金属	组分Ⅱ $t_{C.m}$/℃**	$t_{C.m}$/℃*	低共熔混合物的组成（按质量百分数）	
Sn	232	Pb	327	183	Sn，63.0	Pb，37.0
Sn	232	Zn	420	198	Sn，91.0	Zn，9.0
Sn	232	Ag	961	221	Sn，96.5	Ag，3.5
Sn	232	Cu	1083	227	Sn，99.2	Cu，0.8
Sn	232	Bi	271	140	Sn，42.0	Bi，58.0
Sb	630	Pb	327	246	Sb，12.0	Pb，88.0
Bi	271	Pb	327	124	Bi，55.5	Pb，44.5
Bi	271	Cd	321	146	Bi，60.0	Cd，40.0
Cd	321	Zn	420	270	Cd，83.0	Zn，17.0

* 低共熔温度 $t_{C.B}$ 是一种混合物的两种固态组分与液相达到平衡时的最低温度

** $t_{C.m}$ 表示纯组分的熔化温度

附表 10　KCl 标准溶液的组成

近似浓度/mol · dm^{-3}	KCl 溶液容量浓度/g · dm^{-3}（20℃空气中）
1	74.2650
0.1	7.4365
0.01	0.7440
0.001	将 100ml 0.01mol · dm^{-3} 溶液稀释 10 倍

附表 11　KCl 溶液的电导率 κ/(S · m^{-1})

t/℃	浓度 c/（mol · dm^{-3}） 1.0	0.1	0.02	0.01
10	8.319	0.933	0.1994	0.1020
15	9.252	1.048	0.2243	0.1147
16	9.441	1.072	0.2294	0.1173
17	9.631	1.095	0.2345	0.1199
18	9.822	1.119	0.2397	0.1225
19	10.014	1.143	0.2449	0.1251

续表

t/℃	浓度 c/（mol · dm^{-3}）			
	1.0	0.1	0.02	0.01
20	10.207	1.167	0.2501	0.1278
21	10.400	1.191	0.2553	0.1305
22	10.594	1.215	0.2606	0.1332
23	10.789	1.239	0.2659	0.1359
24	10.984	1.264	0.2712	0.1386
25	11.180	1.288	0.2765	0.1413
26	11.377	1.313	0.2819	0.1441
27	11.574	1.337	0.2873	0.1468
28	—	1.362	0.2927	0.1496
29	—	1.387	0.2981	0.1524
30	—	1.412	0.3036	0.1552

附表 12　298K 时电解质水溶液的摩尔电导率 $\Lambda_m \times 10^4$/（S · m^2 · mol^{-1}）

浓度 c/（mol · dm^{-3}）	电解质					
	1/2$CuSO_4$	HCl	KCl	NaCl	NaOH	NaAc
0.1	50.58	391.32	128.96	106.74	—	72.8
0.05	59.05	399.09	133.37	111.06	—	76.92
0.02	72.20	407.24	138.31	115.51	—	81.24
0.01	83.12	412.00	141.27	118.51	238.0	83.76
0.005	94.07	415.80	143.35	120.65	240.8	85.72
0.001	115.26	421.36	146.95	123.74	244.7	88.5
0.0005	121.6	422.74	147.81	124.50	245.6	89.2
0	133.6	426.16	149.86	126.45	247.8	91.0

附表 13　水和空气界面上的表面张力 σ

t/℃	$10^3\sigma$/（N · m^{-1}）	t/℃	$10^3\sigma$/（N · m^{-1}）	t/℃	$10^3\sigma$/（N · m^{-1}）
0	75.64	19	72.90	30	71.18
5	74.92	20	72.75	35	70.38
10	74.22	21	72.59	40	69.56
11	74.07	22	72.44	45	68.74
12	73.93	23	72.28	50	67.91
13	73.78	24	72.13	55	67.05
14	73.64	25	71.97	60	66.18
15	73.49	26	71.82	70	64.42
16	73.34	27	71.66	80	62.61
17	73.19	28	71.50	90	60.75
18	73.05	29	71.35	100	58.85

附表 14　一些强电解质溶液的平均活度系数 $\gamma_\pm$（25℃）

电解质 $B/(mol \cdot kg^{-1})$	0.01	0.1	0.2	0.3	0.4	0.5	0.6	0.7	0.8	0.9
$AgNO_3$	0.90	0.734	0.657	0.606	0.567	0.536	0.509	0.485	0.454	0.446
$CuCl_2$	—	0.508	0.455	0.429	0.417	0.411	0.409	0.409	0.41	0.413
$Cu(NO_3)_2$	—	0.511	0.460	0.439	0.429	0.426	0.427	0.431	0.437	0.445
$CuSO_4$	0.40	0.150	0.104	0.0829	0.0704	0.0620	0.0559	0.0512	0.0475	0.0446
HCl	—	0.796	0.757	0.756	0.755	0.757	0.763	0.772	0.783	0.795
H_2SO_4	—	0.265	0.209	0.183	—	0.156	—	0.1417	—	—
KCl	—	0.770	0.718	0.688	0.666	0.649	0.637	0.626	0.618	0.610
$K_4Fe(CN)_6$	—	0.139	0.0993	0.0808	0.0693	0.0614	0.0556	0.0512	0.0479	0.0454
KNO_3	—	0.739	0.663	0.614	0.576	0.545	0.519	0.496	0.476	0.459
NH_4Cl	—	0.770	0.718	0.687	0.665	0.649	0.636	0.625	0.617	0.609
NH_4NO_3	—	0.740	0.677	0.636	0.606	0.582	0.563	0.545	0.530	0.516
NaOH	—	0.760	0.727	0.708	0.697	0.690	0.685	0.681	0.679	0.678
$ZnCl_2$	—	0.515	0.462	0.432	0.411	0.394	0.380	0.369	0.357	0.348
$ZnSO_4$	0.387	0.150	0.140	0.0835	0.0714	0.063	0.0569	0.0523	0.0487	0.0458
NaCl	0.903	0.778	0.735	0.716	0.693	0.681	0.673	0.667	0.662	0.659

附表 15　蔗糖水解速率常数

HCl 浓度/（$mol \cdot dm^{-3}$）	$10^3k/min^{-1}$		
	298.2K	308.2K	318.2K
0.0502	0.4169	1.738	6.213
0.2512	2.255	9.35	35.86
0.4137	4.043	17.00	60.62
0.9000	11.16	46.76	148.8
1.214	17.455	75.97	—

附表 16　不同温度下水的黏度（η）

t/℃	η/（mPa · s）	t/℃	η/（mPa · s）	t/℃	η/（mPa · s）
0	1.787	19	1.027	30	0.7975
5	1.519	20	1.002	35	0.7194
10	1.307	21	0.9779	40	0.6529
11	1.271	22	0.9548	45	0.5960
12	1.235	23	0.9325	50	0.5468
13	1.202	24	0.9111	55	0.5040
14	1.169	25	0.8904	60	0.4665
15	1.139	26	0.8705	70	0.4042
16	1.109	27	0.8513	80	0.3547
17	1.081	28	0.8327	90	0.3147
18	1.053	29	0.8148	100	0.2818

附表 17 几种液体不同温度下的黏度（η）

t/℃	η/（mPa · s）		
	苯	乙醇	氯仿
0	0.912	1.786	0.706
10	0.758	1.451	0.625
15	0.698	1.345	0.597
16	0.685	1.320	0.591
17	0.677	1.290	0.586
18	0.666	1.265	0.580
19	0.656	1.238	0.574
20	0.647	1.216	0.568
21	0.638	1.188	0.562
22	0.629	1.186	0.556
23	0.621	1.143	0.551
24	0.611	1.123	0.545
25	0.604	1.103	0.537
30	0.566	0.991	0.514
40	0.482	0.823	0.464
50	0.436	0.694	0.427